英语语言表达与中外文化差异研究

谭晓闯 著

中国纺织出版社有限公司

内 容 提 要

本书共分为六章，以英语语言发展历史、跨文化交际中英语语言表达的有效性以及英语语言文学对语言能力表达的作用切入，分别对英语语言中语篇语言的表达、英语语言表达的系统性探究、中外文化差异与跨文化研究、中外思想文化的发展与融合以及英语语言文化与文化差异探究等内容进行了详细论述。本书具有较强的理论性、实践性，既有对语言与文化之间关系的分析，又有从民族文化心理、交际习惯等不同侧面对英语文化内涵的具体探究。适用于英语语言研究者、学习者、爱好者等阅读。

图书在版编目（CIP）数据

英语语言表达与中外文化差异研究 / 谭晓闯著. --
北京：中国纺织出版社有限公司，2021.8
ISBN 978-7-5180-6800-5

Ⅰ.①英… Ⅱ.①谭… Ⅲ.①英语－文化语言学－研
究 Ⅳ.①H31-05

中国版本图书馆CIP数据核字（2019）第217524号

责任编辑：宗静 籍博　特约编辑：高涵 陈思思
责任校对：王蕙莹　责任印制：储志伟

中国纺织出版社有限公司出版发行
地址：北京市朝阳区百子湾东里 A407 号楼　邮政编码：100124
销售电话：010—67004422　传真：010—87155801
http://www.c-textilep.com
官方微博 http://www.weibo.com/2119887771
北京虎彩文化传播有限公司印刷　各地新华书店经销
2021 年 8 月第 1 版第 1 次印刷
开本：710×1000　1/16　印张：11.5
字数：196 千字　定价：88.00 元

前　言

　　英语是世界上使用最广泛的语言之一，随着世界经济一体化的飞速发展，英语语言的学习与应用越来越受到各国重视。我国作为世界第二大经济体，对国际化人才的需求日益迫切，而国际化人才必须具备的一项基本技能就是过硬的英语语言表达能力。从教育的角度出发，要想提高英语语言表达能力，除了基本的语言知识与应用技巧外，还应当注重培养学习者的跨文化意识与知识。因此，研究英语语言表达离不开对中外文化差异的探讨。鉴于此，本书以"英语语言表达与中外文化差异研究"为主题，旨在帮助英语语言研究者树立跨语言、跨文化意识，有效地提高研究效率；使英语语言学习者与爱好者在跨文化视角的帮助下，更好地学习和掌握英语语言表达的规律。

　　全书共分为六章：第一章就英语语言发展历史、跨文化交际中英语语言表达的有效性以及英语语言文学对语言能力的作用进行了基本论述，为全书的研究奠定基础；第二章对英语语言中语篇语言的表达进行了探讨；第三章深入研究了英语语言表达的系统性；第四章对中外文化差异与跨文化进行深入研究；第五章探讨了中外思想文化的发展与融合；第六章则对英语语言文化与文化差异进行了详细论述。

　　本书内容新颖、体系完整、贴近实际，从英语的起源与发展入手，探析英语语言表达与中外文化的差异，既有对语言与文化之间关系的分析，又有从民族文化心理、交际习惯等不同侧面对英语文化内涵的具体探究，具有较强的理论性、实践性和实用性。

　　本书的撰写得到了许多专家学者的指导和帮助，在此表示诚挚的谢意。但作者水平有限，加之时间仓促，书中所论及的内容难免有疏漏与不足之处，希望各位同行、专家、老师多提宝贵意见，以待进一步修正，使之更加完善。

作　者

2019年4月

目 录

第一章　绪论……………………………………………………………… 1

　　第一节　英语语言发展历史概述………………………………………… 1

　　第二节　跨文化交际中英语语言表达的有效性探究…………………… 10

　　第三节　英语语言文学对语言能力的作用……………………………… 14

第二章　英语语言中语篇语言的表达……………………………………… 19

　　第一节　英语语言中语篇的结构与内容研究…………………………… 19

　　第二节　英语语言中语篇的认知语境分析……………………………… 24

　　第三节　英语语篇的修辞性表达………………………………………… 37

　　第四节　英语语篇的语义分析与表达…………………………………… 43

第三章　英语语言表达的系统性探究……………………………………… 59

　　第一节　英汉语言文化表达的对比研究………………………………… 59

　　第二节　英语语言表达中的口语表达…………………………………… 65

　　第三节　英语语言中写作的批判性表达………………………………… 69

第四章　中外文化差异与跨文化研究……………………………………… 76

　　第一节　中外文明的特征………………………………………………… 76

　　第二节　中外社会价值观与文化风俗探析……………………………… 81

　　第三节　中外文化与跨文化交际研究…………………………………… 95

第五章　中外思想文化的发展与融合……………………………………… 124

　　第一节　中外思想文化的传承与演变…………………………………… 124

　　第二节　中外文化艺术的传统与交流…………………………………… 143

第六章　英语语言文化与文化差异探究…………………………………… 164

　　第一节　文化差异对英语语言教学的影响探究………………………… 164

第二节　英语报刊对英语语言文化的传播作用解析……………… 167

第三节　文化生态视角下中外文学互译差异分析……………… 170

参考文献……………………………………………………………… 173

第一章　绪论

英语作为世界上应用最为广泛的语言，是国际通用语言之一。虽然当前能够流畅使用英语进行交流的人很多，但多数人并不十分了解英语语言的发展历史。为了提高人们学习英语语言的效果，本章将重点探讨英语语言发展历史、跨文化交际中英语语言表达的有效性以及英语语言文学对语言能力的作用。

第一节　英语语言发展历史概述

一、英语的起源与演进阶段

英语作为最初期日耳曼人使用的语言，自从在英伦三岛生根成长到今天，整个语言的演进基本上可以划分为四个阶段：古英语阶段（公元449～公元1066年）；中世纪英语阶段（公元1066～1489年）；早期现代英语阶段（公元1489～1801年）；现代英语阶段（公元1801年至今）。

（一）古英语阶段

在不列颠语言历史中，凯尔特语是已知的最早的语言，它发展成为若干种方言：爱尔兰盖尔语、苏格兰盖尔语以及威尔士语等。罗马人占领不列颠后，他们带来了拉丁语和拉丁文字。考古学家在不列颠群岛发现了大量罗马帝国时期的碑刻，都是用拉丁文写成的，但并没有发现凯尔特语的文字记录。由此可见，凯尔特语是不列颠的"土著语"，它对古英语基本没什么影响，留下的仅是若干被人遗忘了词源的凯尔特语地名，如伦敦、利兹、多佛尔、泰晤士河等。❶

公元449年，盎格鲁–撒克逊入侵前，他们已经接触到了拉丁语，并且

---

❶ 张勇先. 英语语言文化概览：英语发展史研究 [M]. 北京：中国人民大学出版社，2018.

借用了一些常用的拉丁单词，其中30％为动植物的名称，20％与食品、容器和家庭有关，12％与建筑、建材和定居有关，12％与服装有关，9％与军事和法律有关，9％与商业活动有关，7％为其他类单词。其语言基本是口语，文字是受罗马字母影响而产生的"如尼文"（Runes），也称为"北欧秘符"，是一种适合在骨头、木头和石头等硬质材料上刻画的直线符号。

古英语中使用的字母与今天的英语有一定的差别，即单词的拼写方式有很大的差异。古英语中共有24个字母，但在其发展过程中，其中的6个字母逐渐被淘汰，又加上了8个字母，最终形成了现在的26个字母。到中世纪英语阶段，英语单词的拼写才开始接近现代英语。

由于定居在英格兰的盎格鲁人、撒克逊人和朱特人分布在不同的地区，形成了各自不同的方言，因此造成了他们各说各话的现象。英格兰东南部的威塞克斯（Wessex）王国，在国王艾尔弗雷德（Alfred）的统治下开始变得强大，在公元871年，艾尔弗雷德着手把拉丁文文献翻译成英文，以拉丁字母取代原有的如尼字母，使这一地区的英语逐渐成为古英语的主流。

公元787年，北欧海盗开始入侵不列颠。他们来自现在的挪威、瑞典和丹麦，他们被统称为"丹麦人"（Danes）。北欧海盗一路南下，于公元850年占领了四个王国中的三个，只剩下威塞克斯王国。当时，盎格鲁-撒克逊民族和英语语言文化濒临灭绝。

公元878年，艾尔弗雷德国王率军与北欧海盗在英格兰西南部进行决战，并取得了胜利。此后，北欧海盗退到了英格兰东北部地区。公元886年，双方签署了和平条约《卫德莫条约》。

北欧海盗所使用的古诺斯语，与古英语有很多相似之处。在此后的300多年里，两种语言长期不断地交流融合，使英语从复杂变得简单。古英语是"曲折变化"非常多的一种语言，"曲折变化"即单词的词尾变化，在词尾添加不同的字母以表示一个单词的属性、格和数。

例如，古英语中的"石头"（stun）一词，就包括三点。

（1）属性。即阴性、阳性或中性。这种性别格的分配是硬性规定的，其实与具体事物的性别没有关系，只能视为名词外的一种额外信息，作为在句子中与名词有关单词之间的一种匹配性标记。

（2）格。包括主格、宾格、生格（也称属格）或与格（作间接宾语的宾格）。

（3）数。单数或复数等8种不同的语法变化。

古英语中复杂多变的语格，使其语序和拉丁语、古希腊语一样，变得不重要，也就是处于无语序状态。另外，在古英语的句子中主要使用主宾谓语序，这一点与现代德语较为相似。经过与古诺斯语的接触和融合，古英语中表述性、格、数的词尾逐渐消失；名词复数开始用简单的-s结尾；许多不规则动词的过去式开始向规则动词转变，即动词末尾加-ed；古诺斯语大约400多个词语被引入古英语中，they、them、their这些代名词，are、leg、take、want、egg、die、husband等常用词沿用至今。

（二）中世纪英语阶段

公元1066年9月，法国诺曼底（Normandy）公爵威廉（William）联合诺曼底贵族和法国各地的骑士，率军渡过英吉利海峡，入侵英国。打败英军后，他被加冕为征服者威廉一世。在接下来的250年间，法语成为英国的官方语言。那个时期的诺曼底人来自法国的诺曼底王朝，这个王朝由来自北方的日耳曼人建立，但是他们完全接受法语文化，不过他们应用的法语是一种法语方言，不同于巴黎地区的法语。

在诺曼底王朝时期，上层统治者讲法语，下层社会的人讲英语。在诺曼底征服之后的几百年里，英国一直存在着这两种语言，英语被认为是粗俗、刺耳、难登大雅之堂的语言，从而面临绝境。公元1337～1453年，英法两国为争夺土地战争不断，在这场"百年战争"中，在英国的法国人不得不放弃使用法语，转而使用英语。

在公元1362年的英国议会上，议长首次用英语致开幕词。议会还通过了《诉讼法》，规定各种诉讼都应当使用英语。这是上层社会在官方场合第一次使用英语，随后，城镇和商业行会的法规也开始用英文书写。公元1423年以后，议会的提案大部分改用英语书写。从公元1489年开始，英语成为唯一的官方语言。早在亨利五世时期，为了经济发展和文化交流，也为了政令的下达，"官方文书标准"应运而生。它是以伦敦为中心、中南部方言为基础的书面语言标准，为英语成为英国的官方语言奠定了基础。

公元476～公元1453年，这一时期英语的元音发生了巨变，即前元音更靠前，后元音更靠后；元音从低到高依次提升，单元音提升后，逐渐变为双元音；最高的前元音[i：]变为双元音[ai]；最高的后元音[u：]变为双元音[au]。这一时期的长元音变化使得英语听起来更响亮、更铿锵有力，具体见表1-1。

表1-1　元音的变化

例词	变化前读音	变化后读音
time	[i：]	[ai]
fame	[a：]	[ei]
so	[ɔ：]	[ou]

例词	变化前读音	变化后读音
do	[o：]	[u：]
now	[u：]	[au]

同时，拉丁语和法语词汇被大量引入英语中，使得英语的词汇大量增加，同一意思的单词往往出现了几种不同的拼写法，也就出现了很多与英语固有词并列的同义词，如法语词汇，见表1-2。

表1-2　英语固有词与法语的"舶来品"

英语固有词	法语的"舶来品"
freedom	liberty
kingly	regal
lawful	legal
pig	pork，bacon
cow	beef，veal
sheep	mutton
baker	mason
miller	painter
shoemaker	tailor

因为法语是统治者的语言，而统治者所管辖的就是政府行政与司法机关，所以英语中有关司法、法制和政治方面的词汇大部分来自法语。至于书写方面，在当时也是完全使用法语和拉丁语。每一个英国诺曼底王朝的国王都使用法语。公元1066～公元1399年亨利四世即位前，300多年的时间里，已有一万多个法语词汇成为英语词汇，其中75%仍在现代英语中使用。拉丁词汇大多与医学、自然科学和文学有关，进入英语后，拼写和发音稍加变化后，便被直接使用。

另外，英语在语音、拼写、语法、词汇等方面与古英语有很多不同之处，公元476～公元1453年，英语借用了4个法语特有的浊辅音[v][z][ð][3]，还出现了双元音[ɔi]。辅音元素的增加使辅音分为浊辅音和清辅音。这一时期，英语形容词开始广泛使用后缀，-able、-ible、-al、-ive、-ous就是从这时演变而来的。起初，英语拼写十分混乱，如"人们"（people）一词，就有pepylle、puple、pepul、pepull、pepille、pepil、pepyll、pupu、pupyll等21种以上的拼写形式；代词"she"竟然有60多种拼写形式。拼写混乱是这一时期英语的一个特点，虽后期有所改观，但没有彻底改变。古英语的词尾变化到了14世纪时已经基本消失。

在语法方面，中世纪英语的名词和形容词语法性别消失了，名词的语格由5个减少到只有主格和宾格2个。所以名词都可以用同一个the来修饰，名词复数开始用-s或-es表示。大量的规则动词取代了不规则动词，多数动词的过去式以-ed结尾。英语时态的种类更加丰富。表示将来时态、完成时态、进行时态和被动语态的助动词be、have、shall、will开始使用。主语+动词+宾语成为英语的基本句式，句子结构开始稳定，英语从一种综合性语言演变成分析性语言。

（三）早期现代英语阶段

15世纪，威廉·卡克斯顿在伦敦开办了英国第一家印刷厂，成为第一个用英语印刷书本的人。因为印刷品的流行，统一的词汇拼写显得十分迫切，各地的英国人视印刷品上的语言为标准语言。卡克斯顿的印刷术为英语的发展发挥了巨大的作用，为"文艺复兴"在英国的兴起奠定了基础。16世纪初，"文艺复兴"在欧洲兴盛，并给欧洲带来了科学与艺术的革命，揭开了世界近代史的序幕，欧洲从此走出中世纪，迈入近代。同样在英国，"文艺复兴"的兴起也标志着英语语言从中世纪英语开始进入现代英语时期。"文艺复兴"时期，英语大量吸收和借用来自古希腊语、拉丁语中的词汇。这些词汇大多为文化、艺术、科学和哲学概念的词汇，它们的进入极大地丰富了英语的词汇系统。在这一时期，英国还经历了"工业革命"和"启蒙运动"，在政治、经济、科技、文化、教育等方面影响着英语的发展。

在伊丽莎白一世（Elizabeth I）执政的近半个世纪里（公元1558～公元1603年），英国一跃成为欧洲的强国。随着国力的提升，英语也发展到了顶峰，并开始走向世界。同时出现了大量使用英语创作的文学作家，他们的作品不仅令英语更趋向于统一，还为英语增加了很多前所未见的表达方式，极大地丰富了当时的英语内容。这些崭新的表达方式包括副词转换形容词和名词转换动词的使用方法等，同时还产生了大量的组合词。

17世纪50年代，英国资产阶级革命和其后的工业革命促使英国国力大增。英帝国开始向外扩张，与世界各地的交往日趋频繁，全球各地的语言汇入英语，大约产生了3万多外来词汇，英语词汇量空前庞大。由于工业革命带来科学技术的创新，很多新发明出来的事物没有现成的名称，所以，英国人又发明了新的借词方式，即采用"拼词"的造词方法，用拉丁语词和希腊语词合二为一的方法创造新词，如television（电视），tele来自希腊语，意为"远距离"，而vision来自拉丁语的"看"，组合为"在远处可以看到"的意思。这时期，英语语法也发生了一系列变化。

①1700年前，英语否定句基本不用助动词。在这时期，助动词do和主要动词合在一起使用。②第三人称单数的-th，不再使用，取而代之-e或-es，如loveth变为loves。③第二人称的ye和you意思相同，ye不再使用。④表示低一级的thou和thee（you你的意思）也不再使用。⑤单词its取代了指物的he和his。

（四）现代英语阶段

现代英语和早期现代英语的主要区别体现在词汇方面。英国在其鼎盛时期占据了全球近四分之一的土地，所以，英语吸收了来自世界各地许多种语言的词汇。随着工业革命的深入发展，大量新词在科技发明和技术创新过程中应运而生。英语词汇主要来源于两个方面：一方面，从世界各地的语言中借词；另一方面，利用传统方式和现代方式造词。现代英语的另一特点是英语变体的出现和蓬勃发展（如美国英语和澳大利亚英语的形成）。在现代英语时期，许多国家都把英语当成了外交和贸易的主要语言。20世纪上半叶的两次世界大战使英国的国际地位有了很大提升，也使英语成为世界通用语言之一。

19世纪以来，随着经济、科学技术的发展和文化的不断繁荣，又有大批量的词汇进入英语，除了直接借用拉丁词汇和希腊词汇外，还通过拉丁语或法语将希腊词汇改造后运用于英语中，出现了大量各个学科的专门用语，即术语。新思想、新概念、新发明以及新发现的动植物等的大量出现都需要用新词汇来命名和描述，所以出现了新的构词形式，具体有以下几种。

1. 派生法

在词根前面加前缀或在词根后面加后缀，从而构成一个与原单词意义相近或截然相反的新词的方法叫作派生法，其表现有两点。

（1）加前缀。除少数英语前缀外，前缀一般改变单词的意义，不改变词性。

（2）加后缀。单词词尾加后缀也是英语构词的一种重要方法。后缀通常会改变单词的词性，构成意义相近的其他词性；少数后缀还会改变词义，变为与原来词义相反的新词。

2. 截短法（缩略法）

将单词缩写，词义和词性保持不变的英语构词法称为截短法，主要有截头、去尾和截头去尾等形式。

3. 转化法

把一种词性用作另一种词性而词形不变的方法叫作转化法，有的名词可以用作动词，有的形容词可以用作副词或动词。

4. 混合法（混成法）

将两个词混合或各取一部分紧缩成一个新词，前半部分表属性，后半部分表主体。

二、近代中国英语教育

近代中国由于国家政治、经济形势的变化，不同时期英语教育的发展各不相同，发展速度也快慢不一。根据各个时期的不同情况，英语教育大致可分为以下四个阶段。

（一）起源阶段

目前，学术界普遍认为京师同文馆的成立是近代中国英语教学的正式开端。因此，从1862年京师同文馆成立至1949年，基本上属于中国英语教学的起源阶段。虽然早在京师同文馆成立前的几十年，在中国的少数几个沿海城市已经有了英语教学，但这些英语教学只是零星地进行，仅限于广州、香港、澳门等地，并未形成一种正规的、系统的教育，并且在此之前，实施英语教学的教会学校也为数极少。❶

对于近代中国英语教学历史的分期问题，学术界的主流观点是大体上将其分为晚清和民国两个阶段。对于晚清时期官办学校英语教学史的时间划分问题，目前学术界有一种观点认为，可将其分为1862年京师同文馆成立时期和19世纪90年代～20世纪30年代。对于民国时期英语教学史的分期问题，学术界基本上是以学制的更替来划分。

（二）维持阶段

1949～1957年，中国的英语教育处于勉强维持阶段，教材和教法与之前并无差别，但教育目的却发生了质的变化，要求英语教育必须为无产阶级政治服务，为国家建设和人民事业服务。1953年，中国各行各业迅速兴起学习俄语的高潮，为了培养俄文干部，以满足国家建设的需要，俄语教育备受重视，一股学习俄语的热潮随之兴起。另外，自1952年开始，英语逐渐在课堂上消失了。至1954年，从中学到大学，俄语几乎成为唯一的外国语。

1955年，英语教育有了转机，人们逐渐认识到，排斥英语和其他语言的做法是目光短浅的表现。为了国家的科学发展，中国人不仅需要俄语，更需要国际通用的英语。因此，在中学逐渐恢复了英语课。但是，学校的

---

❶ 张勇先. 英语语言文化概览：英语发展史研究 [M]. 北京：中国人民大学出版社，2018.

教学方法更重视语法教学，忽视语言实践。当时全国的学校全部实行"三个中心"原则，即以课堂为中心，以教师为中心，以教材为中心。课堂上教师传授知识，学生被动地接受知识，即众所周知的"填鸭式"教学方式。专业英语教育也受到极大的影响，1949年，全国尚有50余所高校设立了英语系科，但经过1952～1953年的两次全国高校院系大调整、大合并之后，全国高校只剩下9个英语教学点，英语教学走向低潮。至1956年年底，开设英语专业的高校数量又回升到23所，高校英语及其他语言专业才开始有了新的发展。

大学英语是指为非英语专业大学生开设的英语课。自1986年11月，中国公共英语教学研究会更名为大学英语研究会后，才被称作大学英语。大学英语与中学英语及专业英语一样，走过了一条曲折的道路。

（三）发展阶段

1958～1966年是英语教育大发展、大变化的时期。当时，由于国际形势的发展和国家社会主义建设的需要，给教育特别是英语教育提出了新的要求，英语教学受到普遍的重视。1958年的教育改革，对传统的英语教育冲击较大。在英语教学方面，由于人们对使用的俄式教材和单一的教学方法不满意，从提高英语教学质量的角度出发，普遍要求改进甚至淘汰所使用的教材，探索新的有效的教学方法。于是，以改革课程设置、编写教材、更新教学设备为重点的教改运动蓬勃开展起来。

1960年，一套崭新的"革新教材"在上海编写出版，并含有专门设计的听、说法。这是听、说技巧首次在中国英语教学中受到应有的重视。1961年，教育部颁发了《全日制中学英语教学方案》，规定了编写英语课本的进程。方案的显著特点之一是，主张课本应包含有关英语国家的风俗，包含更多的寓言、简短故事、神话及原著的选段。1962年，英语被正式列为高考科目，《全日制中学英语》课本得以在当年出版。

1957～1966年，是俄语教学规模缩小，英、德、法、日语教学规模不断扩大的时期。1964年10月，教育部制订了《英语教育七年规划纲要》，提出："在学校教育中确定英语为第一外语，学习英语的人数要大量增加。"根据纲要精神，高校纷纷增设英语科系，全国还新建和扩建了10多所英语院校。到1966年3月，全国开设英语专业的高校已达到了74所。到1965年，高校英语教师的人数增加到了4621人。1958～1966年，中学英语教学始终受到重视，并呈现出欣欣向荣的局面。专业英语教育也经历了类似的过程。

（四）繁荣阶段

1977年，我国恢复高考制度，中学英语教育随之蓬勃发展起来，1978

年，英语再次被定为升学的必考科目。这一时期，教材不断更新，质量不断提高，出版发行了第四套中学通用教材。这套教材的特点是，中学低年级重视听说能力的训练，高年级重视阅读能力的培养。它的另一个突出特点是，重视"语言运用能力"的培养，打破了以往"重知识、轻能力"的教育原则，这在中学教材编写上是一个重要突破。

20世纪80年代以后，全国范围内的中学英语教育研究空前活跃起来。各地中学学习世界各种新的教学方法，利用先进的教学设备，结合中国学生的实际，在听、说、读、写、译各方面教学中进行了大胆的革新和探索，努力改变以往教学生"重知识、轻技能"的做法，积极培养学生的交际能力。为了领导和配合英语教育研究，各省市自1979年以来纷纷成立了中小学英语教学研究会。中国中小学教学研究会也于1981年11月在北京正式成立。随着教学研究的蓬勃发展，各地还编辑了一些面向中小学师生的英语报刊，如《中小学英语教学》《中小学英语教学与研究》《中学英语园地》《中小学英语》《中学生英语》《英语画刊》等。这些报纸杂志对中国英语教学水平的提高起了很大作用。

1978年高考制度改革后，英语教育界发生了日新月异的变化，英语教育呈现出前所未有的欣欣向荣的新局面。高校英语专业的教学大纲日益完善，教材和教学参考书大批出版，科学研究工作蓬勃开展，硕果累累。英语教学规模迅速扩大，教育质量得到迅速提高，英语专业教材已基本门类齐全。

1979年以来，各种学术团体纷纷成立，如中国英语教育研究会、中国翻译工作者协会、高等英语院校教育研究协作组、中国比较文学学会等。这些学术团体的建立极大地活跃了英语研究界的学术气氛。根据英语教学研究的需要，大学里的英语院系还积极办起了各种外国语言文学刊物，如北京外国语大学的《英语教学与研究》、上海外国语大学的《外国语》、广州英语学院的《现代英语》、黑龙江大学的《英语学刊》等。

1977年至今，是大学英语即公共英语迅速、全面发展的时期。为了适应日益发展的教学需要，中国国家教育委员会和各高校相继出版了一系列教材，并与以往的公共英语教材有很大的不同，表现为三点：①新教材均以大纲为依据。②新教材由单一的阅读教材发展为系列化、多元化和配套化教材。③新教材选材严谨，题材和体裁丰富多样，新颖有趣。语言与文化有较密切的关系，因而新教材所选内容有反映国外人物、风情、文化、教育、科学的文章，有鼓舞学生奋发向上或激发学生思考和探索的富有哲理性的文章。文章语言规范，内涵丰富，趣味性强，引人入胜。目前，这些教材已为全国许多院校所采用，并收到良好的效果。

为了检验学生的英语水平，中国国家教育委员会于1985年年末成立了"大学英语四、六级标准考试设计组"，按大纲要求筹备四、六级考试，主要目的是突出听、写、译等输出能力的考查。1986年开始四级考试，1989年开始六级考试。四、六级考试的效果不仅在中国已被公认，还引起了国外同行的关注。

目前，大学英语四、六级考试已成为中国规模最大的考试。四、六级考试的实施，极大地推动了大学英语教学的发展。由于领导的重视，很多大学拨出专款，改善教学条件，增添教学设备和图书资料，从物质上保证大学英语教学的进一步发展。绝大多数学校都规定，学生必须取得大学英语四级考试证书，才能获得学士学位。这样更加激发了学生学习的积极性。大学英语教育的完善及测试体系的建立为提高中国大学生的英语水平和综合素质做出了卓越的贡献。

然而，大学英语四、六级考试也存在着一定的弊端。例如，考试过分强调语法和词汇知识，不太注重学生的实际能力。为了改善这一现状，教育部门在考试中逐渐增加了考查能力的测试题目，并在一些地区试点，增加大学英语口试。通过各界人士的努力，大学英语四、六级考试一定会更科学、更完善。

经过了一个世纪的发展，中国英语教育虽有过艰难曲折，但最终还是取得了巨大的进步。虽然中国的英语教育还未跟上发达国家的脚步，但中国从国家到地方、从大学到小学都在教育思想、教学观念、教材、教法、测试等方面进行了全方位的改革，并很大程度上改变了中国英语教育较为落后的局面。因此，从理论和实践上探索英语教育的新路子，是中国英语教育发展的主要任务：一方面，中国的教育学家、语言学家、心理学家和哲学家应在微观上吸取国外学科研究的最新成果，结合中国国情，分别从各自研究领域创建新的理论学说，并用于英语教育，进而形成一套完整的具有中国特色的英语教育理论体系。另一方面，国家要在宏观上根据中国英语教育的成功经验和历史教训，进一步完善英语教育的方针政策。

第二节　跨文化交际中英语语言表达的有效性探究

一、跨文化交际的必要性

随着经济全球化的发展，国与国之间的交流越发密切，不同国家、不同文化背景的人们之间的沟通与交流备受重视。跨文化交际是指来自不同社会文化背景的人们进行的交流活动。有效的跨文化交际，能够促进人们之间更好地沟通，无论是对文化交流还是对经济合作都有一定的促进意义。具体表现为以下几点：

1. 跨文化交际有利于帮助人们认识到文化的差异性，促进不同文化之间的交流

文化能够指导人们的诸多活动，是人们行为方式的指南。同时，文化也是跨文化交际中的核心内容。在进行跨文化交际的过程中，掌握和了解各国文化的差异、不同的文化形式以及交际规则等可以帮助人们认识到文化差异对跨文化交际的重要影响，从而提高对文化的灵敏度。❶

2. 跨文化交际能够促进人们了解不同国家的社会习俗

在进行跨文化交际的过程中，仅掌握语言方面的知识，很难真正提高跨文化交际的有效性。各国的社会背景、思维方式、价值观念、行为习惯、生活方式等多方面的文化内容，对于进行跨文化交际有重要的影响。例如，在我国讲究的是礼尚往来，而在很多国家却没有送礼的习惯，甚至有的国家在初次见面时送礼是不适宜的，这就和我国的习俗有很大的差别。所以，掌握跨文化交际过程中的很多社会习俗，能够避免发生一些尴尬场面，促进跨文化交际的顺利进行。❷

3. 跨文化交际有利于促进商务合作

在经济全球化的时代背景之下，我国与世界各国的交流越来越密切，在与各国交往的过程中，跨文化交际能力是必要的条件。在进行商务合作的过程中，需要掌握对方的社会背景、文化背景等，以便掌握更多的主动权，更好地进行商务交流。由此看来，具备一定的商务文化和交际能力，才可以在跨文化交际中占据主导地位，从而促进商务合作的成功进行，为国家的发展创造更多的有利条件。

二、跨文化交际有效沟通的措施

（一）增强英语的语言表达能力

在进行跨文化交际的过程中，具备英语口语表达能力是重要的前提条件，因此提高英语的表达能力很关键。具体措施如下：

---

❶ 窦晶 . 跨文化交际中英语语言沟通的有效性分析 [J]. 湖北函授大学学报，2018，31（20）：184–185.

❷ 贾玉新 . 跨文化交际学 [M]. 上海：上海外语教育出版社，1997.

1. 英语的发音要标准

从语言表达形式的角度来看，语音、语调和语速对于传递信息能够起到调节作用，运用不同的语气、音调会表达出不同的意义。标准的发音有利于对方更好地理解你所要表达的意思，适当的语速可以提高语言表达的影响力。可以采用模仿和朗读等形式来练习正确的发音技巧，通过朗读词汇、文章等来提高语言的流利程度。还可以通过朗读英语原著，来培养英语语感。

2. 夯实语言基础

在进行语言表达的过程中，自身一定要有很大的语言储备量，扎实的语言基础才能使表达更加有效。此外，用词的准确性、语法的正确应用和语言表达符合英语习惯等，都会影响语言交流的效果。为了增加英语词汇量、掌握英语的表达方式，可以进行英语听力练习、听英语新闻、看英语原声电影、阅读英语文章等，以减少语言沟通障碍，提高跨文化交际水平。而且，经常朗读英语文章有利于提高口语能力，培养英语的思维意识。

3. 要避免使用中式英语

在进行跨文化交际的过程中，有时候会出现一些中式英语的情况，表达者自认为符合标准的英语，却让对方很难理解其中的意思，主要原因就是汉语和英语存在不同的语言思维方式。在条件允许的情况下，可以多和英国人练习地道的英语口语，掌握他们的语言习惯等。还可以积极参加一些英语活动来练习口语。与此同时，也可以通过观看英语电影或者一些美国电影来了解英语国家的生活习惯，例如，《老友记》就是非常好的美剧，可以通过学习剧中的一些口语表达方式，提高自身的英语表达能力，从而促进跨文化交际活动的顺利进行。

（二）增强英语的听力理解能力

为了实现有效的跨文化交际，在进行语言沟通的过程中，不仅要向对方传达清楚自己的意思，还要听懂对方的谈话内容，更要善于分析谈话内容背后的深层含义。提高听力的具体措施如下：

（1）为了提高英语听力的自信心，可以先选择一些内容比较简单的材料来进行练习，再逐步提高听力难度。刚开始时，可以选择一些比较简单易懂的英语小故事练习英语听力，随着不断的练习和积累，可以选择听英语新闻、英语广播等，掌握其中的语言表达特点。

（2）可以观看英语电视节目或者英语电影等一些相关的英语视频，采取视听结合的方法来练习语言听力能力，这不仅能提高人们学习英语的兴趣，还能有效地进行英语学习。在进行初级练习的时候，为了降低难度，可以观看有英汉字幕的电影等视频材料，这样不仅能够提高对英语的把握程度，还能避免对信息的错误理解，提升学习英语的效率。

（3）可以采取听说结合的方法来提高英语听力能力。可以选取一些简单的英语材料进行听力练习，采用泛听和精听结合的方法进行口头叙述，在这一过程中可以模仿其中地道的发音规则和语言表达方式，不仅能有效地练习英语听力，同时也能提高英语表达能力，一举两得，从而促进跨文化交际的顺利进行。

（三）增强文化思维意识和素养

为了保证英语语言沟通在跨文化交际中的有效性，需要增强文化思维意识，提升文化素养。具体措施如下：

1. 要增强文化意识

文化具有一定的差异性，这也就决定了不同的思维习惯和不同的语言表达方式。同时，文化又是基础，语言是一种交流工具，为了提高语言表达的有效性，一定要增强文化意识。在这一过程中，要认识到双方思维方式和价值观的不同，以及彼此来自不同的文化背景，这都是阻碍语言有效沟通的重要因素。此外，还要提高对文化的敏感度，并且要真正地理解和尊重不同的文化。在进行跨文化交际的过程中，要认识到不同文化之间的差异，客观地看待不同文化特征，促进跨文化交际活动顺利进行。

2. 要提高文化素养

为了有效地进行语言交流，掌握和学习不同文化的习俗知识非常关键，在学习英语语言的时候，需要熟悉英语国家的文化标准、风俗习惯、社会背景，并了解西方节日的背景、庆祝节日的方式、送礼物的习惯等，掌握这些文化常识和文化习惯有利于促进跨文化交际的有效进行。为了培养英语语言思维方式和掌握英语国家的文化习俗等，可以阅读一些英语著作，从原著中了解中西方文化的差异，以此来提高英语语言沟通在跨文化交际中的有效性。

（四）创造良好的文化交流氛围

为了保证跨文化交际中语言沟通的效果，除了具备一定的语言能力外，还要营造良好的交流环境。良好的交流环境需要合适的沟通方式和谈话环境，首先，在进行比较正式的谈话前，要明确谈话目标，以何种形式开始谈话，并充分考虑交流过程中可能出现的问题等。其次，在谈话的过程中要有适当的停顿，不能只顾着表达自己的想法，要给对方足够的理解时间。同时，选择合适的交流时间和交流地点也会为跨文化交际带来很好的效果。最后，在进行跨文化交际的过程中，要注意谈吐大方，衣着得体，这样不仅会给对方留下一个很好的印象，还能提高自身英语语言表达的自信心，从而促进跨文化交际的顺利进行。

（五）正确理解肢体语言信息

在进行跨文化交际的过程中，除了进行语言交流外，体态语言信息也是影响跨文化交际的重要因素。体态语言也称为肢体语言，是在交流的过程中通过肢体动作来表达信息、说明动向以及进行情感交流。沟通的方式主要包括手势、面部表情、姿势以及其他的非语言表达方式。在进行跨文化交际的过程中，不仅要注意对方语言所表达的意义，更要注意对方的肢体语言，从对方的肢体语言来观察其所要呈现的信息。与此同时，体态语言可以弥补语言表达的不足。而且不同文化之间的体态语言既有共同性，也存在差异性，例如，"OK"这个手势，在美国表达的意思是很好，而在法国所表达的意思则是没有价值。所以，在进行跨文化交际的过程中，要正确理解对方的体态语言，解读对方所要表达的真正含义，避免误会或者尴尬发生。

综上，由于不同国家之间文化背景、社会习俗等的不同，导致思维方式、价值取向、行为习惯等也存在差异，这些差异的存在为跨文化交际带来了一定的障碍，如若不能很好解决就会影响跨文化交际的水平和质量。语言是文化的直接展现方式，在进行跨文化交际的过程中，不同文化间的特殊性和共同性对于语言沟通效果会产生一定的影响。因此，为了提高英语语言沟通在跨文化交际中的有效性，一方面需要提高自身的语言使用能力；另一方面还要在交流的过程中营造良好的环境，减少沟通障碍，从而实现有效的跨文化交际。

第三节　英语语言文学对语言能力的作用

学习英语语言文学的最终目的，在于培养学生的英语听、说、读、写能力，促进学生英语语言综合素养的提升，由此可见，英语语言文学对于培养与提升学生的英语语言能力有着非常重要的意义。[1]在某种程度上，传统的英语语言教学容易造成语言与文学的脱离，这制约了学生语言能力的提升，最终会影响到教学效果。作为英语语言文学，其重点在于培养学生

---

[1] 隋晓雪.英语语言文学对学生语言能力的提升作用分析[J].吉林广播电视大学学报，2018（9）：34-35，38.

对英语语言的理解能力，以及有效地运用于日常生活与学习中，从而提高学生的英语语言综合能力。

一、学生语言能力的内容概括

在我国，学习英语的人数仅次于汉语，因此，英语在学生的语言学习中非常重要。英语语言文学属于外国语言文学的一种，主要是对外国的文学作品与外国的文化进行分析与研究，由此可见，通过英语语言文学的学习，不仅有助于学生积累丰富的语言知识，提高学生对英语语言的综合应用能力，同时也能够了解国外的风土人情及文化历史背景等。英语语言文学的学习重在培养学生对英语语言的表达与修辞的应用，从而提高学生的语言应用能力与文学素养。学生语言能力的提升主要涉及以下四个方面的内容。

（一）英语语言基础知识

语言基础知识是语言运用的最基础部分。由此可见，学生对语言基础知识的掌握，直接影响着学生的语言能力，如果学生没有一定的语言基础知识，则很难形成一定的语言运用能力，很容易在交流过程中出现不规范的语言。语言基础知识具体包括两个方面，分别是英语的词法和英语的句法。

（1）词法构成了学生合理进行语义交流的基础，既符合某一个具体词汇的历史演变规则，又包括了该词汇与其他词汇通过组合形成新词的具体法则。

（2）句法是学生对词法进行合理运用组合成句子的方法。包括简单句的语法构成与复杂句子的组合。

例如，"English became less like German because those who ruled England spoke first Danish and later French." 这句话从英语词法的角度来看，句中的"became"单词后面所连接的应当是动词原形，即"like"动词原形，但由于这一句的英语时态为过去时，因而句中的有些动词是需要采用过去式的。而从英语句法的角度来看，这一句中包括了两个分句，其中"because"的作用是引导状语从句。

再如，"No sooner had the light turned green than the red sports car zoomed down the road." 这句话翻译之后的意思为"绿灯刚刚亮起，这辆红色的跑车就疾驶而过"。这一句英语中既包括英语词法，又涉及英语句法的相关知识。句中的动词"turned"需要与其前面的"had"相互配合使用，才能够完成对句子整体意思的表达；而从句法的角度来分析，句子中的"No sooner"和"than"所组成的英语句子，在句子的前半部分需要用过去完成时态，而英语句子的后半部分则需要用过去时，只有这样的句法运用，才能够在英语语言交际中表达出正确的意思。

通过以上两个例子，分别从英语词法与句法两个角度进行分析，体现出了英语语言文学对学生语言能力培养与提升的重要性。

（二）不同英语语境下的口语交际技巧

英语语言交际技巧同样也是学生语言能力的重要组成部分，当然只有学生具备了一定的语言基础知识，才能够形成一定的英语语言交际能力。在日常生活中运用英语语言交际时，学生除了需要具有一定的英语语言基础知识功底外，还需要掌握一定的英语语言交际技巧。

语言交际是一个复杂的过程，相同的一句话，不同的人会选择不同的表达方式。同样，在不同的环境下，也会用不同的方式与语言来表达，而每一种表达方式都需要与当时的语言环境相匹配。语言环境对英语语言交际有着直接的影响，语言交际者面对不同的语言环境，能够选择适当的语言交际表达方式，就称为拥有语言交际技巧。例如，在与文化水平相当的人或者比较专业的人士交流时，可以把话表达得精密一些，同时还可以运用一些修辞使自己的语言表达更加丰富；而面对一个对语言不太精通的人时，则可以采用简短的句子，表达清楚意思即可，同时所采用的词汇与句子也需要尽量通俗易懂一些。当然这也就形成了所谓的口语与英语文学语言之间的最大区别。

如何有效地掌握英语语言文学交际技巧，除了需要学生掌握扎实的语言基础知识外，还要在日常生活与学习中不断感悟与积累，从而使得自身的英语语言能力得到快速提升。

（三）语言修辞能力

在实际的英语语言交际过程中，根据语言特点的不同分为口语交际与书面语交际。但无论是哪种语言的交际形式，都需要学生具有一定的英语语言修辞能力，即学生在运用英语语言表达自身情感时，需要灵活运用并掌握不同的表达手法，除了要在实际的交际过程中明白自己所要表达的意思与思想感情之外，还要做到让交际对象也能够理解自己所要表达的意思与情感。

在实际的英语语言交际中，学生为了能够精准地表达出自己的意思，需要对不同的英语修辞手法进行合理化运用，从而有助于对方理解自己的意图，做到有效的沟通。除此之外，学生在语言表达清楚的基础之上还要感染对方，渲染一定的语言氛围，从而使英语语言交际达到良好的沟通效果。

（四）掌握不同文化背景的风俗习惯下的禁忌语

语言往往能够表达出人的情感，因而在具体的使用时往往会受到语言环境及语言文化的影响，每一种语言都代表着特定的文化历史信息。

英语作为一种国际性语言，有着不同的文化背景，因此在使用时要特别关注英语表达的禁忌事项，否则将会令双方的交际出现尴尬的局面。例如，在具体的英语交际中，"cancer"一词，其具体含义是"无法医治、病入膏肓"，在表达一个人得了这种病时，需要把这个英语词汇简写成"C"。例如，"the big C"所要表达的意思就是"这个人得了不治之症"。这种禁忌在英语语言表达中并不少见，在一定程度上也体现出了英语语言词汇的丰富性。

二、英语语言文学对学生语言能力的影响

传统的英语语言文学教学主要有三种类型，一是语言结构教学法，即在进行教学时，英语语言与作品是分开进行分析的，这在一定程度上忽略了英语语境对文学作品的影响；二是输入教学法，老师在整个教学中占据主导地位，学生只是被动地接受，师生之间缺乏信息交流与互动，使学生缺乏一定的思考，最终影响学生语言能力的提高；三是外围输出教学法，老师在讲解语言文学时，并没有真正从作品入手进行分析，而是架空了原来作品的解读，这样很难把英语语言文学与学生的语言能力培养联系到一起。

英语语言文学教育对学生语言能力的影响有重要且多方面的意义，主要表现在以下三个方面：

（一）拓宽学生的英语知识面

语言既是文化历史的一个缩影，又是整个民族文化不可或缺的一部分。通过对英语语言文化的学习，不仅有助于加深学生对一个民族文化与历史的了解，同时也能够拓宽学生的知识面。例如，对民族习俗文化的了解有助于提升学生的语言能力。一些英语文化习俗其实在很多英语文学作品中都得到了很好的体现。例如，"死亡"这个词，在东西方文化当中都是非常忌讳的，与汉语一样，英语也表达得非常委婉，在英语文学中并不会直接说"die"，而是委婉为表达为"to pass away"。由此可见，通过对英语语言文学的学习，能够让学生了解更多的风俗习惯，同时也能够拓宽学生的知识面。

（二）提高学生的英语表达能力

在进行英语语言学习时，学生往往会接触到大量的英语文学作品，在阅读学习的同时，学生也会积累一定的词汇量，这有助于学生在表达时运

用丰富的词汇，即使在相同的英语交际环境下，也可以使用不同的修辞手法表达出丰富的内容。例如，"possible"一词，与其意思相近的词还有"maybe、probable、perhaps"，但这些相近的词在语法的使用上仍然有一定的区别，这就需要学生根据不同的应用场景对其进行分析，从而使语言表达更加精准。

（三）增强学生的英语语言表达技巧

通过对英语文学作品的阅读与学习，一方面为学生的书面表达提供了范例，另一方面也能够让学生学习到文学作品中所采用的英语修辞技巧与语言表达方式。学生在日常生活与学习中，可以有效地把所学到的语言文学知识加以运用，根据不同的语言环境选择不同的语言表达方式与内容，从而更加精准地表达出自己的意思与情感。因此，加强对英语语言文学的学习，有助于提高学生对英语语言的理解能力，同时还能够掌握更多的语言表达技巧，这对于提高学生的语言能力及综合素养有着非常重要的意义。

语言能力是学生走向社会后需要具备的一项重要基本能力，英语语言文学对培养学生的语言能力有着非常重要的作用，既有助于提高学生的英语语言交际能力，又有助于提高学生的整体英语水平，因此，需要加强学生对英语语言文学的学习。

第二章 英语语言中语篇语言的表达

语篇研究的本质是对意义和内容的研究，但是语篇的内容必然表现为一定的语义结构表征。语篇语言学的研究既有侧重语篇结构的研究，也有侧重语篇内容的研究。本章重点探讨英语语言中语篇的结构与内容、英语语言中语篇的认知语境、英语语篇的修辞性表达以及英语语篇的语义分析与表达。

第一节 英语语言中语篇的结构与内容研究

一、英语语言中语篇的结构研究

大多数语言学中的语篇分析，所关注的中心都是语篇结构的普遍特征，这些普遍特征是从多个语篇的具体内容中抽象出来的。语篇结构的研究通常关注的是：

（1）语篇段（如小句）之间从左至右的关系和意义，分析的基础是关系连贯和指示连贯。

（2）语篇的层级结构，语篇可以分为哪些语篇块以及这些语篇块之间的关系。

（3）语篇结构组织方式的动机。❶

（一）小句关系理论研究

"小句关系"的概念出现于20世纪60年代末和70年代初，在多个语言研究的领域中被提出。提出这个术语的语言学家相互之间很少交流，不同学者和流派对小句关系的标记和定义或多或少有些差异。但是，对于小句关系的基本性质，他们有着共同的认识，即小句关系是语篇的组成部分，

---

❶ 胡曙中．语篇语言学导论 [M]．上海：上海外语教育出版社，2012.

最基本的情况是小句之间经常存在着有规律的语义关系，它们帮助组织起整个语篇的结构。

1. 小句关系理论的提出

最早提出"小句关系"概念的是英国的尤金·温特（Eugene Winter）。他和他的小组在1968年研究科技语篇的组织方式时发现，科技语篇中小句和小句之间连接关系的某些方面是不能通过系统语法的早期模型来解释的。因此，他提出，小句是通过可独立于语法的方式，系统性地联系在一起的。

2. 小句关系理论的发展

在20世纪70年代，比克曼（Beekman）和卡洛（Callow）等学者在《圣经》翻译的研究和实践中发现，如果翻译仅仅是把句子的意义从一种语言转换成另一种语言，那么经常会导致生硬的、甚至是无法理解的译文。只有在语篇的维度下，翻译的目标语社团才有可能接受该翻译。他们在一系列论文和著作中明确提出，语篇或文本是按照世界普遍的语义关系组织起来的，翻译工作的第一步是分析源文本组成成分的关系；翻译的过程也许需要根据目标语社团的期待来配置这些成分关系，但是这些关系本身是不允许改变的。

总的来说，对小句关系的研究，有两大主要的途径：一种是把小句关系看成语篇自身具有的属性，从语篇自身的语言特征出发，从语篇的语言标志来讨论小句关系的性质和类型；另一种是从交际的角度出发，也就是从语篇的生产者和理解者的角度，讨论他们对小句关系的辨别和处理。严格地说，后一种小句关系的研究是心理学的研究范围。

（二）超结构的语篇类型研究

超结构的语篇分析，总是与特定的语篇类型和体裁分析有关。

语篇理解模型包括微观结构和宏观结构。该模型的第三个组成部分是"超结构"，它为语义上的宏观结构提供了一种总体上的功能句法。超结构是宏观结构的内容得以表现的，一种传统的、层级性的形式。以新闻语篇的超结构为例，它就包含了几种不同的超结构的范畴，如标题、导语、背景、事件等。

超结构的范畴通常具有全局性，因为它们组织的是更大块的语篇，而不是连续的句子，而且，超结构的分析过程是自上而下的，从最高的语篇层级开始。已有研究发现了多种语篇类型的超结构，其中就有"实验研究论文"的超结构。研究发现，语篇类型和体裁存在着明显的对应关系；人们很自然地发现，典型的语篇类型总是具有某种超结构的特征。因此，有关超结构的语篇分析自它被定义起就是特定类型语篇的研究。

（三）修辞结构理论的研究

对小句关系形式化和类型化的研究，另一个很有影响的理论是修辞结构理论（RST）。修辞结构理论的主要目的是在系统功能的指导下，实现文本的自动生成和文本的自动处理。

修辞结构理论是一个在语言学和认知科学大背景下形成的关于语篇组织功能的理论，这一理论的核心概念是修辞关系，包括"原因""详述""证据"等。已经证明，修辞结构理论是一种非常实用的语篇语义关系分析工具，可以对任何类型的语篇进行较彻底的分析。该理论模式已经被用于很多真实语篇的研究，如新闻语篇、广告、筹款信等。

RST的分析从对语篇整体考察开始，但是分析的过程并没有固定的程式，可以自下而上，从小句的关系分析到语篇的层次，也可以自上而下，采用倒过来的分析顺序，还可以两者兼而有之。RST分析的结果是一个层级的树形结构，覆盖了整个语篇，并且每一个分支都有注明意义关系的标签。

虽然RST对修辞关系的界定是相当确定的，但是句子之间意义关系的标签，最终还需要根据观察到的"合理性"来确定，这一"合理性"受到完整性、连接性、唯一性、邻近性这四个普遍的制约条件的限制。

语篇分析的过程，实际上还是要依赖分析者的直觉，说到底还是语篇解读的问题。很多语篇研究的专家都认为，RST在实现自动的RST分析方面具有重要的价值和作用。

（四）递增结构分析程序语篇分析

前面所讨论的关于语篇结构的分析方法，很大程度上要建立在分析者对语篇整体的概括性解读的基础之上。这种概括性的理解可能并不能反映作者是怎样生成语篇的，特别是语篇的即时生成，因为那是更加递增性过程的结果。

递增结构分析程序理论把书面语篇生成的思想和语篇分析的理论结合起来，特别关注语篇结构的层级性。有一项实验，请一组讲荷兰语的孩子写一篇短文，向完全不认识圣·尼古拉斯的读者介绍这个人。出于分析的需要，按小句把语篇划分成语段，然后再分析语段之间的关系，确定它们的层级性关系。通过对比发现，这些孩子们组织语篇的方法有两种典型的程序，表现在语篇中的信息呈现出两种不同的排列方式：

（1）第一种语篇组织的程序是按照事件发展的时间顺序。首先，他到来；其次12月5日，他过生日，孩子们会得到礼物；最后，他离去，孩子们为他唱歌。

（2）第二种语篇组织的程序是以话题为中心。用联想的方式，写出圣·尼古拉斯各方面的特征：他是个老头，长着白胡子，有蒸汽船等。

显然，这两种语篇的全局结构是不同的。第一种语篇以"行为线"为主导，即以时间顺序的一系列行为为主线；第二种语篇以"特征线"为主导，即以关于话题的一系列特征为主线。

程序上的语篇分析，其主要作用是说明在生成语篇文本时所采用的组织信息的方式。例如，以"行为线"为主的语篇由搜索情景记忆生成，行为或事件是以时间先后的顺序来讨论的，语篇以一个情节的完结而结束；以"特征线"为主的语篇是以联想的方式搜索语义记忆来生成的，这种方式类似于头脑风暴，把与话题有关的或者有助于解释该话题的信息列举出来，一般按照重要性来排列。

研究表明，语篇程序分析的结果可以从认知科学得到解释。它与写作过程中时间停顿的分布相一致，它可以解释写作发展的过程、句子组合的结果，以及写作中出现的问题。不过，由于递增性程序上的语篇分析法最成功的研究领域主要是在对无事先计划的、即时性的说明语篇的分析中，因此，这种分析法具有一定的局限性。

二、英语语言中语篇的内容研究

（一）基于微观、宏观和超结构的语篇表征

微观结构和宏观结构关注的是语篇的内容，表现的是一句一句的、自下而上的语篇信息；超结构是某种语篇类型的特征在全局结构上的表现，属于基于结构的语篇分析途径。❶

在上述理论的基础上，冯·戴伊克和沃尔特·金西建立了一个很有影响力的语篇理解模型：宏观结构理论，它可以预测哪些信息是读者最容易记住的。

微观结构是这个模型的一个组成部分，另一个组成部分是宏观结构。微观结构是基础，也称为"语篇基"，在此之上可以构建宏观结构。宏观结构是反映语篇主旨的全局性语义结构的抽象表征，它可以通过对微观结构的具体语义表征应用宏观规则的操作来实现。宏观规则包括删除、概括和组编，它们的操作生成宏观命题，即语篇的中心思想或观点。

有些语言处理的实验结果表明，宏观结构可以预测、回忆和总结结果：对宏观结构中出现的命题的记忆效果，要优于仅在微观结构中出现的

---

❶ 胡曙中.语篇语言学导论[M].上海：上海外语教育出版社，2012.

命题。不过，也有不同的观点认为，冯·戴伊克和沃尔特·金西的理论中，宏观结构部分在理论上和实践上都没有微观结构部分清楚，这也许是因为宏观规则没有得到明确的说明。而且，虽然语篇的标题、小标题、摘要、主题句等都可以作为提供宏观命题的语义信号，但是要从语篇的表层确定宏观命题的语言信号并非总是那么容易。

语篇的宏观命题可以通过"潜在语义分析"来获得。根据这个理论，句子的意义可以表征为一个高维语义空间中的向量，而与语篇的其他部分最相关的向量可以确定为语篇的宏观命题。

（二）语篇主题理论

语篇是交际的产物，一个语篇总是要表达一定的意思，传达一定的思想——这就是语篇的主题。

"主题"这一概念，一般指的是语篇的主要思想或者话题。对主题的研究已经成为跨学科的独立分支，称为"主题学"。主题所表达的是语篇是关于哪方面的内容。例如，一个语篇可以是关于恐龙化石的，也可以是关于古生物学家一天的工作成果的。主题研究最早流行于文学中，随着语篇语言学和文体学研究的深入，对于生成主题意义的语言提示项的研究也变得日益重要。

不过，表达方式的一般性质，例如，小句和句子中信息的线性顺序，也有助于确定语篇的主题。句首位置是这方面最常谈到的一个语言学的性质。研究发现，小句的起始位置具有特殊的语篇功能，语言学把这个问题表达的信息称为"主位"，它后面的信息称为"述位"。通常小句开始部分所包含的信息，是要指引读者构建语篇的全景画面。语言学，尤其是系统功能语法，对主位和述位关系的研究，揭示了不同类型的主位推进模式。

（三）信息结构理论

信息结构是揭示语篇意义连贯性的一个关键因素，反映了句子内信息分布形式与句子意义之间的制约关系。这种制约关系是语篇语义构建的基本内容之一。

信息结构的分析是从句法研究到语篇研究的桥梁。信息结构理论是从功能的角度，分析小句内各个成分在实现交际时的作用。语篇结构讨论的是，语篇内各个意义构块呈现出的组织上的结构关系。语篇结构制约了语篇中的可能成分，而语篇中可能成分的集合又为目标句子中信息的组织提供了相关语境。反过来，句子的信息结构也对语篇结构的歧义有着关键性的制约作用。对于说话人，语篇结构为小句的延续提供了一组可能的语境，而信息结构的分配是独立于语篇结构的。对于听话人，小句的信息结构与语篇结构一起指导着述位信息更新语篇的意义表征，完成动态的语义处理。

主位推进模式揭示了句子的主位结构与语篇的组织结构之间的关系。主位结构的形式复杂多样，但仍具有其内在的发展规律，使语篇组织呈现出几种特定的形式。小句的信息结构是与交际功能密切联系的句子的语法结构。主位推进通过对多个小句的信息结构的比较，呈现出了小句间的语义关系。具体如下：

（1）信息结构分析从小句内包含的信息类型出发，这属于意义和交际功能的范畴。同时，信息结构又研究不同的信息在小句内的分布情况和规律，这又与小句的结构有关。所以，信息结构既是小句的语义特征，又是结构特征，这两方面构成了小句的形式——意义制约的关系。

（2）在由多个小句组成的语篇段中，由于各个小句是相互联系的，每个小句内的信息以及这些信息的组织结构会影响到其他句子内信息的分布，这就使得整个语篇段内的各个小句在句法结构和语义结构上呈现出一定的相互关系。

第二节　英语语言中语篇的认知语境分析

一、语篇的认知理论基础

（一）框架理论

1975年，计算机科学家马文·明斯基（Marvin Minsky）在他的著作《知识框架》中提出了框架理论。知识以数据结构形式储存在记忆中，称为"框架"，它代表典型情景。这些典型情景通过以下方式使用："在遇到新的情景时，或对当前问题的看法做出改变时，必须从自己的记忆中筛选出一个结构，即框架。这是一种必要时可以改变细节以适应现状的记忆框架。"

马文·明斯基揭示了世界的知识结构在人的记忆中是如何组织的，在话语的理解过程中又是如何被激活的。框架理论实际上是知识再现的一种方式。

之后，菲尔莫尔（Fillmore）于1982年将框架这一概念引入语言学研究领域中并将其定义为认知结构，其知识是词语表达概念的先决条件。把框架当作连接一个语言形式所涉及的多个认知领域和知识网络。

（二）知识草案

知识草案与框架理论都是由马文·明斯基于1975年在《知识框架》中提出来的。

知识草案是基本行为单位的认知结构。草案是专门为经常出现的事件序列设计的知识结构，具有动态性，并以"预料"为基础。在言语交际过程中，草案对推理有协助作用，形成了对话语理解的语境。人们可以用知识草案来构建对已经发生过的事件的理解。草案是具有动态性的图式，是一种固定的认知单元，在特定的情景中通过经验式的排列组合，可以形成规模更大的情景单元或行为心理图式。使用草案是真实世界的状态、事件或行为的典型结构概念化或经验化的结果。

在日常言语交际中，话语省略是经常发生的。话语中所省略的某些信息，以及两个话语之间的认知空位，可以从知识草案中提取有关的内容，通过语境补充方法加以弥补，使话语形成一个有意义的整体概念，便于对话语的理解。

（三）心理图式

"图式"在英文中原意为"图解""概略"之意，最初是由康德提出的一个哲学概念。

20世纪初，心理学家们把图式引入了心理学的研究，并成为认知心理学研究的一个重要方面。认知心理学认为，图式是交际者已有的知识结构，这个知识结构对于交际者认识新信息发挥着重要作用。在认知过程中，交际者只有把新信息与已有的相关知识联系起来才能理解话语，这就是认知语境制约话语理解的结果。心理图式是在特定的情景场合中经过经验式的排列组合形成的规模更大的情景单元或行为。比如"考试"和"准备考试"可以组合成一种心理图式，供语用在推理时选择。与带有固定认知意义的草案相比，心理图式涉及的范围更大，带有较多的社会文化色彩。

另外，记忆并非消极的信息输入，而是以心理图式和先前知识为基础的能动过程。与带有固定认知意义的知识草案相比，心理图式多伴有社会文化因素的干预，其范畴更广。心理图式理论使人们能够以一种固定的方式，凭借已有知识来解释新经历。心理图式是建设性的，这种建设性的过程要使用过去已有的语篇和已有的经历，以达到构建心理表征的目的。心理图式虽有其相对稳定的一面，但总的来说，它是一个动态过程。

在心理图式对输入信息进行选择、分析、匹配、拟合形成最佳图式的过程中，文化背景知识不容忽视。可见，交际双方在知识草案和心理图式方面越是一致，语用推理越是省力。因此，在言语交际中要获得最大的关联性，就必须选择最合适的认知环境。

二、语篇的认知结构框架

（一）认知框架的概念

在语篇理解时，框架是在我们心理上构建的全部概念系统。在一个概念系统中，理解任何一个概念，必须以理解它所适应的整个结构为前提。这个观点正好符合语言哲学上的整体论。

"框架"是一个覆盖面很广的术语，在语言学研究中有许多类似的概念，例如，图式、脚本、场景、观念框架、认知模式、民俗理论等。

在一个概念结构中其中的一个概念被置入一个文本或一次交谈中时，（该概念结构中）其他所有的概念都会被自动激活。从语言学的层面考察，就是一个或几个关键词自动地激活了所属框架中的其他概念，并自然地构建起一个事件或情景的框架。

根据框架语义学的观点，理解一个词语的意义，就同时激活了理解与它相关的其他词语的意义。这就意味着，理解一个词语的意义，就同时也理解在这个框架中其他相关词语的意义。框架语义学中对词语意义的理解，符合整体论的观点，即只有放在框架中，才能真正了解该词语的意义和用法。在一个构建起来的情景框架中，关键词可以解释说话人给文本世界指定了怎样的视角或透视域，以及相关事实在现实世界中的历史。

在借助认知框架解释语言文本方面主要有两种方式：一种是词汇和文本中可观察的语法材料唤起解释者头脑中的相关框架；另一种是解释者通过援引一个特别的解释框架使一个文本的内容变得清晰。前者事实上是把词汇形式或这些语法结构或范畴作为这些框架的索引存在的。简单地说，这就是关键词在框架情景表征构建中的激活作用。

（二）认知框架的分析方法

一个框架就是一个数据结构，表示一个固定的情景，如到饭店就餐、到起居室会客、孩子过生日等。每个情景附加了好多种信息，有的是关于如何使用该情景，有的是关于在文本中预期出现哪些信息，有的是关于预期未出现时如何处理。

认知框架指的是在语言理解过程中我们所借助的记忆中的固定情景。人们通过激活或构建一个概念结构来解读某些言语或言语行为。

框架是人们的生活经验在记忆中形成的关于某些情景或场景的固定的、结构化的知识。框架知识与社会文化有密切的关系，可能因为社会、文化的差异，致使框架的知识也不同。因此，认知框架因文化而异，也可以称为文化框架。

在语篇处理研究中，兹万（Zwaan）等人提出了事件—索引模型。语篇理解者持续地监测语篇模型，以实现对人物、时间、空间、因果关系、意向性五个维度的信息保持连贯。这五个维度，实际就是框架中主要框架元素和事件以及它们之间的关系。兹万等提出的事件—索引模型是从语篇理解的角度出发，有很强的心理因素在里面，如"因果关系""意向性"等，这些在很大程度上是主观的看法。如果单纯从框架内的元素及关系来看，也可以把框架的知识及结构看成包含了以下内容：

（1）"实体"是框架内最基本、最关键的元素。一个框架总是围绕一定的人或物建立起来的。例如，在"体育运动"（Sports Game）框架中，有运动员、运动器械（如足球、篮球）、观众、裁判、规则等实体；在"商业活动"（Commercial Exchange）框架中，有买方、卖方、商品、货币等实体。

（2）"事件"就是框架中参与者处理或操作的对象。框架内的"事件"有两种情况，一种是参与者的行为或动作，通常是作用于一定的事物对象，如"射门""投篮""加油或喝彩"等。另一种是参与者或事物所处状态的延续或改变，如"住在某地城镇的繁荣"等。

（3）事件总在一定"时间"和"空间"发生。时间有时候非常重要，有些框架完全是围绕特定的时间建立的，如国外的"圣诞节"（Christmas）框架。框架的"空间"元素比"时间"元素要复杂些，因为语篇的语义涉及两种空间：一个是通过语言明确描述的空间，涉及的是框架内实体之间的方位关系；另一个是语篇交际事件发生的大背景的空间，即语篇交际事件的空间。例如，一名美国议员在议会发表一篇演讲，多次讲到美国历史上的"西进"与"西部开拓"，那么"西部"是语篇所描述框架的"内空间"，是在语篇中有明确语言体现的；而"议会""美国"是语篇交际事件本身发生的空间，虽然在语篇中没有语言项的体现，但它们也是语篇的交际事件所属空间的一部分，称为"外空间"，即框架所属的外部空间。

（4）"关系"指框架包括的实体所进行的各种相关事件之间的关系，它们的语言表达体现了特定的透视域（即视角），反映了说话人所认为的目的与利益的关系。

认知框架为人们提供一个情景，把语言项放在与之相关的其他语言项的知识结构中来描述它们的意义。这是一种以使用为基础的描写意义的方法。但是认知框架包含了所有相关的知识，是一个知识的结构。在言语交际中，不是框架中所有的实体都能在语言上表现出来。一般的情况是，框架中的关键元素，如参与者、事件等，总是以特定的关系在语言上得到表现，这就形成了语法的框架。

（三）认知框架的激活与构建

1. 关键词激活框架

语篇中某些关键词可以激活一个文化和认知上的情景场景，从而有助于对语篇意义的理解，也为语篇语义的构建指明了方向。在语言中有一些词语，它们与同一个框架有紧密的联系，任何一个词语的使用都会让人想到这个框架，这些词就是关键词。

关键词能够激活一个框架，在于该词语所指称的实体是框架的关键元素。句子中一些关键词能够激活人们对于一个场景或情景的知识，对于确定整个句子的意义，乃至确立语篇中一个情景的意义，具有重要的作用。关键词携带的信息可以对相关语词的信息做出选择，构建语义的组合，以确定另一个词或几个词的情景意义。

在真实的言语活动中，经常出现一些新颖的句子搭配。表面上看这些搭配是不合适的，但它们却表达了独特的意义，这是语言创造性的表现。对这样表面搭配不当的句子的解读，可以放在由关键词激活的框架之中，这样就能够对它的语义做出合理的描述。

2. 关键词构建框架

语篇语义的构建过程，在很大程度上可以说是框架的构建，准确地说，是框架内成分和成分之间的关系通过跨心理空间进行构建。意义的建构，是心理空间的构建和空间内成分的连接过程。

菲尔莫尔在早期论著中将场景视为认知概念的单位，即经验的单位，而将框架归为语言单位。后来，他的框架发展成认知构建机制，其中一部分和语词联系，并可在理解过程中通过语词来进行检索。框架是一种语言结构，更是一种认知结构。徐盛桓把这种认知关系称为常规关系，认为它是认知世界的一种方法。所谓常规关系，是人们认识到事物或状态内部及相互间的关系，将其凸显出来，并加以程式化、规范化。框架是人对世界模式化的认识，是人内化的知识的一部分。个人对常规关系的认识与把握，是一个积累知识的过程。

因此，框架语义学不仅是词汇语义学（Lexical Semantics），同时也是语篇语义学（Text Semantics）。框架可以将词汇和语篇联系起来，因为词语能够启动框架，而框架则为语篇提供了概念语义背景。意义建构的过程，同时也是框架激活与建构的过程。传统研究中的框架是一个静态的概念，但是，人们使用语言交际的过程却是动态的。因此，框架的构建必然是一个动态的过程。

既然框架是由一些高度相关的命题和意象组成的知识网络，总有一些命题或意象对于框架的构建是核心的、关键的。反过来讲，在语篇的语义分析和构建的过程中，也总是有一些关键的词语可以激活框架，开始进行框架的构建。例如：Our vicar is always raising money for one cause or another，but he has never managed to get enough money to have the church dock repaired.（节选自《新概念英语》第2课，Thirteen Equals One）这句话中的"vicar"和"church clock"在读者的心中激活了一个"西方村庄中的教堂"的意象，帮助构建了一个与"教堂"有关的框架，它们成为激活这个框架的关键词。

在语篇处理的事件—索引模型中所确定的五个维度的信息（即人物、时间、空间、因果关系、意向性）中，任何一个维度的变化，都会造成理解者在更新心理表征时处理成本的增加。而信息处理最大的成本通常与时间和人物有关。这五个方面的信息也是构建框架的关键。可以说，在语篇的语义处理中，能够激活框架的关键词总是与这五个维度的信息有关。人物、时间、空间在语篇意义框架中是关键的，也是最基本的信息。

框架中关键元素（Frame Element）的语义特征及它们在语言表达上的实现，可以分别用槽和填充项来表示。除了关键元素，框架还包括文化背景、百科知识、生活经验和信仰等元素，它们都在确定词义和构建语篇意义时起着重要的作用。

3.语义的框架转换

在构建语篇语义的过程中，理解者总是自觉或不自觉地运用认知和记忆中的框架结构，去积极地处理输入的信息，把语义的现实和内部心理中关于认知框架的知识有机地联系起来，以便在大脑中形成新的记忆轨迹，获得新的知识。实际语篇交际时，框架不是一成不变的，它会随着话语的展开而发生相应的变化，这就是框架转换。

每一个认知框架都由一系列关键元素组成，它们占据的位置称为空位或槽，对于空位的期待是概念性的而不是具体的词汇。于是，语篇开始的关键词可以帮助构建一个框架。在即时语篇处理中，随着语篇的发展，新出现的语词的信息一般要自动地映射到已构建起的框架上。但是，如果槽中出现的词与已构建的框架中的概念发生矛盾，这就意味着框架的透视域发生了变化，语篇理解者就必须调整认知视角，建构起一个与话题相关的新框架。

框架转换是语篇意义构建中经常发生的现象。在自然语言理解中，需要调用框架知识的规则进行动态的推理，这是由语言交际的动态性决定的。框架转换要求听话者对已构建框架中的信息进行重组，重新构建一个新的框架，用新框架的知识结构来兼容最后输入的新信息，完成语篇语义的即时更新，从而完成语篇意义的构建。在这个过程中，语篇的理解者需要结合语境，从长时记忆中提取其他的、合适的框架对话语意义实行重构。

关键词是提示框架转换的重要标志，对于框架转换具有重要的意义。例如：

a. John put the pot inside the dishwasher.

b. John put the pot inside the dishwasher，because the police were coming.

这两句话都反映了一个普通的框架——"洗锅"（Clean Pot），但是如果后面紧跟的句子是"because the police were coming"，就必须重新审视其意思。因为后一句的关键词"police"与"洗锅"（Clean Pot）本无关系，而这里又明确显示两者之间有因果关系，只能这样解释：关键元素"pot"必另有隐情，所以"John"把"pot"藏了起来。

框架转换突显了语言加工过程中的动态推导机制，这也符合自然语言处理的在线加工机制。由于语言本身的模糊性和歧义性，加上语言交际的动态性，关键词对于语篇语义处理中框架转换的作用，就显得格外重要。

框架转换主要发生在语篇中情节转变的地方。在发生框架转换的地方，必然以关键词的转换为标志。因此，前面讨论的关键词的框架激活作用依然起着重要作用。从某种程度上来说，框架转换也就是建立一个新的框架，可能与原来的框架有关，可以看作是在大的框架内的子框架的转换；也可能与原框架无关，那就是完全建立一个新的框架了。不过，后一种情况在语篇内是不常见的，因为同一语篇内的各个框架总要有些因素是一致的，这才能保证语篇整体的连贯。

三、语篇的理解阶段与分析

（一）关联理论的语篇理解阶段

根据关联理论，语篇的理解分两个阶段，一是模块解码过程；二是中心推理过程。前一阶段所形成的语篇意义的逻辑形式，即所谓的语义原型，是后一阶段的语言输入，但是这个逻辑形式是不完全的，需要在下一步的推理阶段，在语境中被充实，用以建构对说话者信息意图的假设，形成话语的明说内容和隐含信息。需要说明的是，隐含信息不是话语逻辑形式的延伸，它是完全经由语用推理而来的明示假设，有些隐含信息是说话者表达的对语境的假设，或者是推理过程的语境前提，又或者是语境结论。说话人选择语境主要受两个因素制约，一是最大限度地减少听话人理解话语时所付出的努力；二是最大限度地增加语境的认知效果。

在关联理论框架的推理过程中，有些语言形式（如话语联系语和话语小品词等）与话语理解的推理过程（程序）相关，与表征（概念）无关。这些语言形式的作用是减少听话人在理解话语时所付出的努力，从而达到期望的语境效果，有利于听话人对话语的理解。

对语篇的理解分为两个方面，一是对明示的语言形式和内容的分析，结果是获得语言命题逻辑的、语义的结构和内容；二是在语义的内容和结构的基础上进行推理，结果是获得话语命题意义之外的隐含意义，也就是"说话人意义"，与说话人的意图直接相关。但是，语用推理必须建立在语言项的字面意义所提供的信息基础之上。

（二）概念信息与程序信息

对语篇语言项的解码为进一步的推理过程提供输入内容，这个分析的过程涉及对心理表征的构建和操作。

在这个过程中，语言形式可编码两种信息或意义，一种是信息直接参与语篇心理表征的构建，是心理活动的内容，即概念信息或意义，在语篇的心理表征中最终体现为命题。另一种信息正好相反，它们不是语篇心理表征的内容，而是指导着如何构建该心理表征，与概念和命题的处理方法和方向有关，这种信息称为程序信息。

简单地讲，概念信息与语篇处理的内容有关，程序信息与语篇处理的方法有关。在话语的逻辑语义表达式中，程序信息是不出现的，但是它们影响着话语的逻辑意义，而逻辑意义又是明示交际的概念意义的一部分，进而概念意义经语用推理又获得隐含意义。

1. 概念信息

概念信息是指话语所涉及的实体或事件的语言项的语义表征，或者是句子的命题意义，它们是话语的语言编码或解码的直接对象，是言语活动中实际发生的言语内容，也为话语理解中的推理提供语义的输入。这种由句子在听话人头脑中引起的命题形式称为"情景表征"。

概念信息的编码通常由实义词或短语来完成，如名词、动词、形容词等。概念信息是语言形式所表达的内容，表现为心理表征中的命题，是推理的基础和输入。句子中表达概念意义的语言项主要由实词及实词词组充当，如名词、动词、形容词及其词组。

2. 程序信息

程序信息也就是程序意义，指的是小句中除了命题意义之外的信息，对命题内容的处理起着指导、强化或促进作用的意义。它们不属于现实世界的实体或事件的语义表征，不包含在句子的基本逻辑表达式以内，不是言语的形式逻辑编码的直接内容，但是它们与概念内容的逻辑形式的意义有关系，对逻辑内容的处理的方向、强度、程度等作指导。也就是说，程序意义与话语理解中的推理有关，是对推导话语的含义或交际意义起制约作用的信息。

表达程序信息的词称为程序词，它们的作用是对概念词语的语义信息进行操作，不影响句子的真值条件，但是可以说明说话人的态度、意图或倾向。

程序信息的编码通常由语法词，如连词、代词等，以及一些表达程度或态度的副词来完成。程序信息通常没有概念内容，而是指导如何处理相关的内容，它与推理的心理过程直接相关。对程序信息的研究，关注的对象是能够对话语理解的语用推理提供制约或指导的语言形式，主要包括话语联系语、指示语以及语气指示语等。

（三）程序信息和程序语的类型

根据程序信息相对于推理内容的作用，先把程序信息分为三大类：对暗含信息（隐义）起制约作用的程序信息，如话语联系语和话语小品词等；对明说内容（显义）进行制约的程序信息，如语气指示语等；对命题内容进行制约的程序信息，如人称代词、时、体以及情态标记等。应用最为广泛的程序语包括四种，分别是话语联系语、指示语、语气指示语、话语小品词。下面分别说明这四类程序语对话语理解的语用推理。

1. 话语联系语

话语联系语连接的是话语同语境之间的关系，其主要作用是指明语境特征与语境效果，从而引导听话人理解话语。话语联系语表明了说话人希望听话人如何去寻求话语的关联性，向听话人提供了明示的语言标记，最大限度地减少听话人理解话语所付出的努力或代价，引导听话人获取说话人所期待的语境假设和语境效果。因此，话语联系语所连接的是话语与语境或语境假设之间的关系，通过自身所标记的明示逻辑语义关系在不同语境条件下对听话人的推理过程起语用制约作用。

基于关联理论的认知语境不同于传统的认识语境，它不仅指前面提到的话语或客观环境，还可以包括话语理解过程中形成的语境假设；可以指语言语境，但在很多情况下，由于联系语之前并非存在明示的话语，所以连接的是话语同语境之间的关系。

2. 指示语

指示语是程序语中使用最广泛、频率最高的一个类别，包括人称指示语、方位指示语、比较指示语等。这一类语言项不能独立使用，但是可以指示非语言项。

严格地讲，指示语都含有一定的概念意义，就是它们在词典中列出的意义。下面以人称代词为例简述指示语的概念意义：

人称代词虽然具有真值条件，但缺乏编码程序信息，影响话语所表达的命题内容，即明说内容。指示语可以帮助听话人处理词汇所包含的概念信息，制约或引导听话人对话语进行理解。

代词编码的是程序性信息。虽然代词是对现实中的人或物的指称，具有真值条件，最终指向的是某个确定的概念，但是这种指代关系不是直接的，因为代词在不同的语境中可以指代不同的人或物，其本身的意义是"泛指的"，是一个宽泛的范畴。在具体的语境中，代词在其范畴内指向一个确定的实体。

说话人用指示语，如she、I和that，表达了一些概念，如ALICE、JONES、THE BEER。但是，指示语与激活的概念之间的关系，和普通词语与激活的概念之间的关系是不同的，即she→ALICE与hit→HIT的途径是不一样的。说话人说出hit总会引出概念HIT，而she在不同的语境中所引出的概念不同，不一定就是ALICE。由此可见，指示语（如she），并不直接编码特定的概念（如ALICE），而是编码一个宽泛的概念范畴（如A CERTAIN FEMALE）。在理解话语时，指示语在语境中被充实后确定为一个具体的实体。因此，指示语虽然最终影响话语的概念意义，但是它们直接编码的却是程序信息。

综上所述，对指示语的处理要明确一点，它们的信息不能停留在其自身的概念意义，而是必须把概念意义用作程序信息，努力确定这些程序信息在文本语境（即上下文）和现实语境中的所指。对人称代词在上下文中指代关系的确定，是语篇语义处理中一个极为重要又非常困难的问题。

3. 语气指示语

语气指示语表达的是说话人的态度、情感、意志等语气内容，是独立于句子概念意义之外的程序意义。语气的表达有两种情况，一种是与句子的形式相结合，利用特定的句型表达语气，另一种是使用独立的语气词来表达。

利用句型表达语气是一种很常见、很灵活的手段。同一个概念意义，通过使用不同的句型，可以附加丰富的语气。

言语行为理论认为，语气表达了说话人在说出某个话语时意图实施的言语行为的类型，可以表示断言、请求、命令、商讨、宣告等多种言语行为。在小句之下的语气指示语，主要是指独立的语气词。语气词通常表达说话人对所言说的内容所持有的情感、态度、意志等，这些信息独立于话语命题的概念内容之外。语气词所传递的程序信息通常涉及对其他话语内容的评价，是说话人就命题内容在某一个维度上的程度进行的判断，在语篇语义的分析和处理中，要根据这个语气指示语，对命题内容做出相应程度的处理。

从语气词来讲，英语中存在两种可以表达语气的词语，它们都属于句子中的操作成分，用于传递程序信息。具体如下：

（1）情态动词。情态动词属于动词范畴，与谓语动词结合非常紧密。在句子语义的分析和表征中，情态意义对整个句子概念语义的情态可能性做出限定。一个语篇段的意义在心理中构建起一个情景表征，该表征所描写的情景与真实世界中的情况不一定一致，语句的情景可能成为现实世界的真实情况，也有可能成不了真实情况。情态动词传递的程序信息，就是说话人对一种潜在的可能性的判断。情态动词的潜在性有两个方面，一种是情景表征是对世界情景的真实描写，另一种是情景表征不是对世界情景的真实描写。这两方面实际上是联系在一起的，即话语意义心理中构建的情景表征，包括现实世界，也包括了可能世界。也就是说，情态动词表示的潜在性是施加在心理中构建的情景表征上。话语的情态成分用一个独立的语气信息块来表征。

（2）评价副词。评价副词当然属于副词，具有明显的概念意义。但是，它们所表达的概念意义是不能独立存在的，比如说，一个单独的评价副词是根本不能成为一个句子的。评价副词必须用在一个表达概念意义的句子中，并对该句子的概念意义做出评价。评价副词有自身的概念意义，但是这个概念意义却是指向其他的概念意义，而不在于其自身。评价语几乎无一例外地由独立的副词短语充当，而且它们在句子中的位置非常灵活，这些特征与表达语气的情态动词和句型结构等都有很大的差异。另外，在语义分析和表征处理时，情态动词和句型结构表达的语气信息被归入语法意义的范畴，而评价语的信息通常被归入语用因素的范畴，所以，从词类、位置、功能等角度考虑，应该把评价语单列，作为小句之下的语篇语义的信息来源之一。

4.话语小品词

话语小品词又被称为感叹词，表达的是说话人的感觉、情感、态度等，属于语气指示语的范畴，但是它们又与上文谈到的语气指示语不同，语气指示语可以有概念内容，而感叹词没有任何概念内容，仅表达各种行为用意或态度。

感叹词的使用有两种情况：一种是独立使用的感叹词。这时，一个感叹词用作一个独立的结构，在形式上是一个小句，多用感叹号或逗号结束。感叹词本身表达了说话人的态度、感情等心理状态，而后面的句子是感叹的内容，可以解释这种心理状态的原因；另一种用法是感叹词紧密结合句子使用。这时，感叹词通常用在句尾，除了表示感叹的语气功能外，还可以表示疑问、请教等意思，具有一定语法功能。

感叹词不影响断言的命题内容，但传递了说话人的态度或行为的信息。感叹词能编码程序意义，可影响话语的显义或者隐义，制约说话人对关联性的寻求。

四、语篇的信息处理过程

几乎所有研究语篇结构的理论都会区分已有信息和新信息，也有学者称为旧信息与新信息，已知信息与未知信息，或者共有信息与新信息。每一个句子或话语理论上都包含了说话人认为自己和听话人共有的信息，以及说话人认为听话人没有的信息。

（一）已知信息的分类处理

传统上，指示操作要求语义的题目具有一定的语用特征，如已知信息、旧信息或已有信息。话语的一部分信息是被认为听话人根据前面的语境已经拥有的信息，或者是可以从语境中推测出的信息。这样的信息是已知的（或者说是已有的）信息。与之相对，另一部分信息是说话人提供的新（未知）信息，它是话语的内容。

所谓新信息，它所处理的那个部分，表达的是说话人认为听话人尚不知道的信息；而已有信息，它所处理的那个部分，表达的是说话人认为听话人已经知道的信息。如果说话人认为听话人可以识别某个所指，该信息就是已知的；如果说话人认为听话人不能识别某个所指，则该信息就是未知的。

上述这些概念解释依赖直觉，过于简单。这里提出了一个多元化的信息分类法，即区分不同类型的所指：

（1）新所指。是首次引入语篇中的事物，它可能是全新的，由说话人在语篇中创造出来；也可能是未使用过的，一般认为听话人知道该事物，只不过在前面的语篇中没有提过它。

（2）唤起的所指。这是已经属于语篇一部分的所指。它可能是语篇唤起的所指，是听话人按照说话人的指示唤起的事物（如说话人提到该所指）；也可能是情景唤起的事物，是听话人自己知道去唤起的事物，例如，"你"就是指听话人。

（3）可推理的所指。是说话人相信听话人根据世界知识和推理过程可以推测了解的事物，这样的所指可以根据语篇或情景推理出来。

（二）未激活信息的处理过程

沙费（Chafe）从在意识中激活（或未激活）的角度来讨论语篇信息的性质。语言现象，如已有信息和新信息，是基本认知活动的表现。人们的心理中有大量的知识和信息，但是在某一既定的时间，只有很少一部分是被关注的，或者说是被激活的。莎费认为，在语篇处理的既定时间内，一个概念可能处于三种激活状态中的一种：活跃的，这个状态对应的是已有的信息；半活跃的，对应的是（经推理）可及的信息；不活跃的，对应的是新信息。

对于某个概念，说话人会从这三种状态中进行切换，这种切换部分地反映为指示形式的选择。说话人在说话之前如果认为某个概念在听话人的心理中是活跃的，他就会用较弱的方式来表达这个概念，很大可能是用代词来指示；如果说话人认为某个概念在听话人的意识中是不活跃的，他就会用较强的方式来表达，极大的可能是用名词来指示。

克拉克（Clark）和哈维兰（Haviland）用新—旧信息的概念来讨论记忆的过程，他们还讨论了"已有信息—新信息"的策略。说话人所说的每一句话都包含了旧的已有信息和新的信息，旧信息的作用是向听话人指明，在他记忆的哪个部分可以找到与当前句子传达的信息相关的信息，所以，它的作用就像是指向标，告诉听话人在哪里可以把新信息与先前的信息整合起来。这样一来，代词和限定的名词短语多用来指示旧信息或已知事件，而非限定的名词短语多用来指示新信息。

从认知的角度研究指示操作，说话人会估计某一所指在多大程度上在说话人的心理上是可及的。如果估计得出的可及性高，说话人就会用弱化的指示形式来指代该所指；如果估计的可及性低，说话人就会用较长的形式，如一个普通名词或加修饰语的名词短语来指代；如果估计的可及性非常低，说话人会使用一个非限定的名词短语或其他合适的形式，将一个所指引入到心理表征中来。

最早将"已知信息"和"新信息"等概念应用到语言信息结构研究的是韩礼德（Halliday）。他提出，句子的无标记结构应该是"已知信息先于新信息"。并提出"已知信息"指的是"通过回指或情境可以获得的信息"；"新信息"则分为三种情况，一是"通过语篇或情境都不能推导"的信息；二是"跟某个预测的或陈述的选择项对立"的信息；三是"替换预设问题中的疑问词"的信息。

第三节　英语语篇的修辞性表达

一、语篇的主题表达

任何一个语篇都应该有一个主题，都应该能用一句话来表示语篇的主要目的。主题，即中心思想，应该决定语篇可以包括哪些内容。如果语篇没有主题，就会不知道作者的目的是什么，无法理解作者的写作意图，那么，这个语篇也就没有存在的必要，这是有些语篇出问题的原因。语篇的主题决定了语篇的目的、内容、结构和体裁，这四项是语篇的基本要素。

（一）语篇的目的

一般来说，语篇的目的决定要写什么以及如何写。在许多情况下，目的不止一个，可能开始时是为了表达对所喜欢的某个事物的感受，后来演变成为推荐或者评价；同时，几个目的可能是组合在一起的，也可能是重叠的，其间的区别不容易分清。

语篇的主题与作者的目的有关。作者在为语篇的主题收集材料时，在考虑读者对象的要求时，脑子里通常会有一个目的。然而，在对材料、印象和思想进行筛选、记录时，会逐渐把主题缩小到一个特定的题目，进而对目的进行梳理。目的会越来越集中，就像打靶时从外圈逐渐集中到靶心，直到浓缩成一个中心思想。❶

一个有效的语篇应该达到作者的目的。例如，一个刚到美国大学的中国学生想写一封信给学校负责外国留学生事务的官员，希望校方能采取一些措施，帮助新来的外国学生适应新的学习和生活环境，信的主题就是：

"The university should adopt some measures to help new international students adjust to a novel learning and living environment."

（二）语篇的内容

一个语篇应该有内容，应该表达思想和感情，展示思考和经历，并尽可能按需要表达得丰富、充实一些，否则就会很空洞。

语篇的内容是意思、事实、例证，由做某事的词语来表示。内容的多少，并不是简单地以词语或句子用的多少来表示。如果用50个词来说某件

---

❶ 何晓勤. 英语语篇修辞教学摭谈 [J]. 教育学术月刊，2005（10）：52.

事情，而本来可能用20个词就够了，但用了这50个词却比用20个词说得更有滋有味，这种情况就是内容。即便是差不多长短的语篇，也会产生不同的效果。

显而易见，内容是要靠语言手段来表达的，这就涉及选字遣词、连词成句、组句成段等方面的问题，所有这些都有助于内容的表达。除此之外，内容还需要知识，丰富的知识有助于内容的表达。

（三）语篇的结构

从信息传递的角度来看，一个完整的句子可以分为话题和述题两部分。语篇的形成，或者是以话题为起点的推进，或者是以述题为基础的延伸，或者是两者交叉的发展。不管哪种结构方式，都是"从已知信息到未知信息"及其他认知原则在语篇层面的具体体现。常见的语篇结构有以下三种方式：

1. 话题推进式

话题推进式指起始句的话题推进为各后继句话题的语篇结构方式。

2. 述题延伸式

述题延伸式指前一句的述题或述题的一部分延伸为后一句话题的语篇结构方式。

3. 综合式

综合式指交错利用话题推进和述题延伸进行语篇构建的方式。

（四）语篇的体裁

除了考虑目的和内容外，还需要考虑语篇可以采用的形式体裁。如果写东西是要记住某事，那么写一篇非正式语体的文章、一封信、一个备忘录，甚至发一个电子邮件就可以了。如果写东西是为了提供信息，或解释某个意思，可以写一篇文章、一封信、一个报告或一份传单来达到目的。

选择一个题目时，考虑一下用哪种体裁会最有效地达到目的。辩论性的文字是用来评价、劝说、推荐某个观点或行动计划的，许多不同的体裁都可以采用这样的文字，从电子邮件、书信、评论、社论、建议书到文件等。

目的、主题和结构这三者合起来就构成了语篇情景。有时候语篇情景是规定好的，有时候是自己构建的。语篇情景中几个成分之间的联系非常紧密，以至于一个成分发生改变会影响其他几个成分，所以不要总是一成不变地按照一个顺序。可能你以一个有趣的主题开始，却发现对目的或受话者没有表达清楚。也有可能被要求为某个受话者群体写些东西，后来却发觉那个受话者群体的需求和期望迫使你有必要修改目的或主题。

二、语篇的主要特性

通常，一个完整的语篇具有统一性、连贯性和符号性三大主要特性。

（一）语篇的统一性

语篇的统一性，指的是语篇中的各个部分都与语篇的中心思想有关联，而且各个部分之间又相互有联系。具体来说，语篇中的每个句子都应在某种程度上与语篇的主题有关，每个观点、每个例证都应与语篇的中心思想有关。凡是与主题无关的东西，不论多么精彩，都应被排除在外。

一个语篇的主题若不清楚，就难以使整个语篇表达具有统一性。换言之，要使一个语篇的表达具有统一性，最主要的就是要弄清楚想讲什么，并把一切与之无关的内容排除在外。语篇的统一性其实是一种思维特点，它强调语篇的各个部分与中心思想之间的联系，但语篇的统一性并不总是容易辨认的，判断一个语篇是否具有统一性，必须要用逻辑推理，具体如下：

（1）能对主旨有一个清楚的定义。

（2）能把与主旨有关的和无关的东西区分开来。

（3）能把次要的内容归于大话题之下，不让次要内容喧宾夺主。

一般来说，受话者都认为一个语篇会就一个主题进行阐述，因此会很重视主题，并往往会留意它是如何展开的。换言之，受话者会寻找一个语篇所要阐述的主题，并总认为一个有效的语篇只会就一个主题进行清晰的阐述。

在一个语篇中，主题句提出整个语篇的中心意思，并表明作者或演讲者的态度。在篇幅不长的语篇中，每一个正文段落可能就主题句的一个中心意思进行阐述；在较长的语篇中，可能有几个正文段落合起来就一个中心意思进行阐述，这些段落的主题句与那个中心意思连接起来，对语篇的主题进行阐述。

（二）语篇的连贯性

一个有效的语篇也必须具有连贯性，即语篇的各个部分必须连贯一致。连贯性是语篇的一个必要的特点，它从另一个角度说明语篇必须具有统一性。

在一个连贯的语篇中，一个意思必定导出另一个意思，而每一个意思必须具有其可被辨认的记号，"导出"的过程又必须被清清楚楚地表示出来。即使是关于一个简单主题的一个短语篇，也有构成这个语篇的独立成分；与语篇主题有关的这些不同的成分，分别出现在句子和段落的层面上，它们应该清晰地与主题融为一体。当发话者离开一个部分（句子或段落）进入下一个部分的时候，应该确保受话者能跟上自己的思路。

连贯性主要是表达的一种特点，通过表示有关内容、事实和例证之间的关系。连贯性强调的是语篇各部分之间的次序或连续性。连贯性指的是语篇给人的感觉，这种感觉通常是根据两个方面的词序来得出的：

（1）根据每一个句子是如何结尾和下一个句子是如何起头，来判断一系列句子是否有粘连性。粘连性指的是一种意思上的流畅感。在实际写作中，常用读者或听者熟悉的信息作为句子的开头，就是利用粘连性使语篇具有连贯性。因为受话者在读一个新的句子前，往往对它前面一两个句子中的信息记得比较清楚，所以用这种方法开始，往往会使句子之间有一种粘连性，也就是能产生一种意思上的流畅感。

（2）根据语篇中所有句子起头的方式，来判断整个语篇是否具有连贯性。受话者判断一个语篇是否具有连贯性，往往是看语篇中每一个句子的开头几个字是否累积起来构成了一小组相关的字。具体地说，就是他们是否能在语篇中迅速、容易地看到两个方面：①句子和分句的话题，即它们是"关于"什么内容的。②语篇中所有的话题是否构成一组相关的概念。

（三）语篇的符号性

符号性是语篇的第三个重要特点，符号科学对此有深入的研究。

从最为直接和直观的角度看，语篇是经过编码的符号：口语是经过音位系统编码的声音符号；书面语是至少经过形态系统和句法系统编码的视觉符号。符号学研究符号的本质特征和工作方式。研究表明，符号首先代表的并不是现实世界中的实物或概念，而是符号之间的关系，也就是说，一个符号之所以会具有某种意义（代表一种实物或概念），是因为它不同于同处于横组合关系中的其他任何符号。如果一个符号要代表不同于其他任何符号的含义，两种符号间的差异对比是不可缺少的。这一点在某种程度上说明，语言的符号系统并不是一个一目了然的、透明的意义载体，因为意义的产生依赖于符号的对比、组合、排列关系，对这些关系的分析判断需要一个推理过程。而且，语言的符号系统中还存在一种预先给定的关系结构，这是符号物质属性之所在。符号的排列、组合必须符合这种关系结构的要求。

从本质上说，符号的能指和所指属性从属于符号的物质属性。另外，语言的符号系统同其他编码系统一样，是公众所共有的社会系统。社会本身和发生于具体社会之中的语言运用对语言的符号系统有着重要影响，如新的词语和句子结构的出现、禁忌语的确立和废除、新的语言记录系统的发明（包括文字、印刷、复制、录音、数字媒体等）。因此，为了了解和掌握语篇的社会符号属性，必须认识到符号学是符号与社会的关系之研究。在这种背景下，符号不能仅被认为是字母或音位这样孤立的符号本身，某一特定的语篇也是一种符号，它在语篇的范围内运作，具有特定的语义功能。

三、语篇的焦点操作

一个语篇的各种成分应该有恰当的比例：重要的意思、事实和例证应该通过长短、位置或语言来强调；次重要的成分应该置于从属地位；不重要的成分应该被删掉。根据这条原则，语篇中各种成分的不同重要性应该向受话者表明，换言之，各种成分应该根据其重要性放在合适的位置上。

语言学家用"焦点"这个术语来指说话人所有可利用的资源，对信息进行特殊的包装，使某些信息对听话人来说更为突出。主题操作所关注的是说话人如何让听话人知道某些信息是语篇的更核心的信息，而焦点操作所关注的是说话人如何让听话人知道关于语篇的核心成分，他应该注意什么。

焦点操作（Focus Management）的理论核心是，某些概念和命题从听话人的角度看是相对新的或意料不到的信息。事实上，新的概念和命题似乎是说话人话语的目标，也就是说，是说话人希望听话人在自己的心理表征上特别增加的信息。具体分析如下：

（1）话语中的特定信息是新的。一般每个小句包含了一个新的信息成分。这种核心的、新的信息就是焦点。传统上，焦点与布拉格学派所说的述位（Rheme）一致。

（2）焦点信息也可能是出乎听话人意料之外的，因为它与听话人已有的信息相冲突。在这种情况下，焦点就是说话人试图让听话人用正确的信息取代不正确的信息。

（3）焦点与认知上突出的或显著的概念有关。

（一）焦点操作的理论依据

一个句子的"焦点"与下一个句子的话题（或主位）是相关的。前一个成分的交际动态性就是它推进句子信息前进的程度。句子的角度或"述位"是具有最高的交际动态性的部分，它通常是谓语或者句子的评述部分，或者说是关于主位"讲了些什么"。在布拉格学派的框架下，句子可以没有话题，但每个句子必然都要有一个焦点。如果没有了焦点，那么就没有任何的交际信息。

韩礼德认为，焦点是以显著的音高标示出来的新信息，而主位是句子开头部分表达的成分。按照他的观点，特殊疑问词是主位，这与布拉格学派的观点相反，后者认为它们是焦点，不是主位。另外，韩礼德的理论不适用于解释分离句，这种结构的第一个成分不是"正在讨论的事物"。这个理论面临的另一问题是，自然语言的表层结构既具有歧义性，又具有同义性。也就是说，一个结构可以具有多种意义（即歧义性），而同时几个结构也可以具有相同的意义（即同义性）。这样一来，结构上的特征，如句首位置，并不能直接用来规定意义上的内容。也就是说，不能单凭处于句首位置就判断一个成分是主位或焦点。

一般认为，在很多欧洲语言中，焦点主要位于句子末尾。出现在这个位置的焦点信息不需要用重音标明。当焦点出现在句子较前面的位置时，通常要伴随语调重音，而其后面的名词短语就是主位。当然，其他语言所使用的策略可能会有所不同。

沙费提出，焦点还与所指的状态有关。所指状态是"说话人对听话人在特定语境中处理他所说的话的能力做出评判"。焦点与信息的包装方式有关，即说话人考虑的是以何种方式把信息传递给听话人，而不是信息本身的内容。说话人根据对听话人心理状态的判断（即听话人此时在想什么），用不同的方式包装信息。沙费还考察了焦点对比的信息包装现象。在英语中，这可以通过对句子中的一个成分施以较强的重音来实现。因此，通过聚焦句子中的一个信息，说话人可以直接使听话人产生与以前的断言相矛盾的信息。

（二）焦点操作传达的信息

所有的语言都为说话人提供了多种手段和方法，使某些信息比其他信息更突出或更重要。这些方法和手段分布在各个方面、各个层次上。其中一个方面就是语音。在英语（以及其他很多语言）中，可以用附加的重音来说出某些词语。虽然用到的词语都一样，但是通过给不同的词语加上重音，就会传达一些不同的意思。通过使某些词语比其他词语更突出，说话人帮助听话人推理出为什么某些信息更为重要，并把它与其他可能的情况作对比。在这种情况下，焦点信息具有对比的功能。

语调并不是唯一突出某些信息的手段，语言还提供了其他的手段，如通过特殊的词序、形态标记，或者语法结构。例如，英语中的分离句就是一种特殊的句法结构，它就具有突出焦点信息的功能。

突出焦点信息的另外一个常用方法是，改变句子普通的词序，把焦点信息放置在特殊的位置上。通常的做法是，将焦点成分放置在句子的开头或末尾，因为这些位置更容易被注意到。在英语中，说话人可以把正常情况下在句尾出现的信息转移到开头，从而使之更显著。

第四节 英语语篇的语义分析与表达

一、语篇语义的概念

语义，毫无疑问是语言极其重要的组成部分。

从传统的角度来看，语义是语义学的研究对象。传统的语言学理论认为，语言的使用总是试图表达某种意义，听众或读者必须通过解读来理解这一意义，以保证交际的顺畅。这种观点意味着语言的目的就是交际。

作为一种编码系统和信息载体，语言可以传递使用者想要表达的任何意义。这一观点在词汇层面上具有很好的适用性。对单词意义的解释只是一个起点，从这一点出发，我们继而可以解释句子的意义。句子的意义依赖于构成句子的单词的意义，以及这些单词组成句子的方式。

所有这些研究都预先假定，语言的编码系统是一种透明组织，意义表达是明白无误的，但在实际应用中，话语的意义却经常是模糊或有歧义的，以至于人们经常会对话语的意义产生误解。而且，人们很少满足于对某一语篇只有一种解读，在阅读文学作品时这种倾向尤为明显。所以，有关意义及其解释的问题，在以句子为最大研究单位的语言学和语义学的框架内很难有令人满意的答案。而语义研究是用来解释各种不同类型语篇的意义，所有这些语篇又各自处于不同的交际情景中。语义研究若要研究语言在特定交际情景中的意义，势必要将语言放在一个更大的范围中进行考察，在语篇层面上进行语言研究。

二、语篇语义的研究

（一）语篇语义研究的三种途径

目前，语篇的语义研究在总体上可以分为以下三种途径：

1. 心理语言学派

心理语言学派侧重从人类语言理解的心理学规律出发，提出一系列假设来解释语篇语义处理的机制，并用实验的方法加以证明，从而不断完善语篇语义处理的理论。这种心理加工的理论都是在宏观上提出假设，然后在语言现象中进行观察和实验来验证理论，是系统的，但是语言学意义的观察和实验却是分散的。也就是说，心理学的语篇语义处理缺乏对语言现象全面的把握和处理。

2. 形式语义学派

形式语义学派擅长使用逻辑公式，细致地描述和刻画语篇中句子之间的语义关系，确保语篇语义的描写建立在严密的计算基础之上，但是其理论框架缺乏灵活性，不能很好地处理语篇的某些性质和功能，如语境因素、语用功能等。

3. 功能主义的语篇语义研究学派

研究学派较好地分析和掌握了语言的形式、结构和功能之间的关系，对语篇语义内容的处理比较深入和全面。但是，由于没有形成对这个分析过程形式化的描写，即表征、分析的成果仅限于对语言事实的理解，所以很难进一步在语言处理中加以应用。

因此，非常有必要探索一套形式化的方法和体系，来全面系统地记录分析信息处理的过程，为更深入地处理自然语言做好准备。

（二）语篇语义研究的基本问题

语篇是超越句子的语义单位，是使用中的话语。因此，语篇语义的研究远比词汇语义和句子语义的研究要复杂得多。

在对语篇理解的过程中，对语言项的语义内容，并不是简单地、均匀地处理。在直觉之下发生着一系列的基本概念的处理过程，包括强调、焦点、先期知识引入、指示关系操作等。这些处理是自然地、迅速地完成的，它们在获取语篇意义时发挥了关键作用，在更高级的意义操作中，它们又会影响并决定语言的结构。

语篇的语义研究需要回答很多基本的问题。这里我们列举五点：

（1）语篇的语义目前还没有一个明确的定义。它是语篇中所有语义信息的累积，还是表现为语篇的主题（Theme）或者宏观命题？

（2）语义学区分了好几种语篇的基本意义，但是这些讨论都是基于词语的。句子的语义通常是以命题的语义结构来讨论的，在形式语义学中是谓词逻辑，在生成句法中是题元结构。而语篇的语义是词语还是句子？或者其他？

（3）语篇语义学在多大程度上可以落实到语言的实体上，换句话说，语篇的语义在多大程度上是以语言为中心的？语义学的研究已经考虑到语义实体，但是这方面的讨论主要局限于词语和句子的语义，而语篇的情况却有所不同。既然语篇的定义是"使用中的话语"，那么语篇的语义必然涉及其他的方面。首先是社会因素。语篇是交际的产物，是人们用语言完成的社会功能，必然渗透着参与者之间的社会关系。其次是心理因素。语篇之确立，在很大程度上依赖于人的理解。独立地看是毫无关系的两句话，人们可以把它们理解为相关联的，可以成为语篇。这两句话的语义关系，本质上是心理学属性，但是心理上的理解又是基于每句话的语言学事实。那么，语篇语义关系多大程度上是语言学的？多大程度上是心理学的？

（4）语篇的语义的结构。绝大多数语篇都是复杂的语言复合体，语篇的语义不可能是其成分意义（即句子意义）简单的组合或累加。每个语篇都自成一个系统，具有层级的结构。

（5）语篇的语义要以一定的形式表现出来。词语的语义可以根据不同的意义类型，描述为其义项，或者成分分析（Componential Analysis）。句子的意义可以描述为逻辑结构，或者语义结构（Semantic Structure）。心理学的语篇理解研究认为，语篇的意义体现为心理表征（Mental Representation），但是心理表征的本质依然是一些命题，不是形式上的结构。

（三）语篇语义研究的主要内容

基于对语篇蓝图观的认识，构建和解读语篇蓝图必须了解语篇语义学的两个主要方面：一是知识整合，二是信息处理。知识整合是信息处理的目的，信息处理是知识整合的具体方法和过程。

1. 知识整合

知识整合（Knowledge Integration），是指语篇或话语中各个句子的信息是如何整合成一个连贯的整体的。说话人必须从自己的经验中选择相关的概念和事件，以对听话人有帮助的方式组织起来。听话人必须把听到的话语理解成一个连贯的表达，使自己能够获得并重新构建这些概念和事件，使之几乎与说话人所具有的概念和事件相同或相似。

目前，关于知识整合有五种主要的理论和模型，下面我们逐个加以简要说明：

（1）构造—整合模型。构造—整合模型认为语篇理解有两个反复发生的阶段，即构造阶段和整合阶段。在构造阶段，（新）输入的信息构成语篇基，语篇基进入工作记忆。在工作记忆中，语篇基从长期记忆中提取相关信息。构造阶段的运作迅速且能够自动完成。在整合阶段，理解系统开始把新信息与先前已有的语篇模型整合起来。整合阶段相对要缓慢些，而且占用和消耗的资源不少，这是因为理解系统要把构造阶段所激活的信息逐渐削减，只把与当前情景最相关的信息整合到语篇模型中，最终形成的表征被称为"情景模型"。

（2）结构建造模型。结构建造的理论框架认为，语篇理解是通过构建语篇提供的信息心理表征的过程来实现的。建造一个结构的起始过程被称为"打基础"，结构的基础是围绕语篇开头提供的人物和事件构建。再有新信息输入的时候，如果新信息与已有的内容和结构密切相关，就映射到已有的结构上，即附加到已有的结构上；如果新信息与已有的内容和结构关系不大，就会促使理解系统转移到一个新的结构，即理解者就把新信息作为一个新的结构基础。其结果就是，结构中的某些信息得到强化，更易于接受进一步的加工和处理，而其他信息则受到抑制，暂时不能接受进一步的处理，经过对语篇所有信息的处理，最终形成语篇意义的表征。

（3）事件—索引模型。语篇理解者持续地监测语篇模型，以实现对五个维度（人物、时间、空间、因果关系、意向性）上的信息保持连贯。这五个维度的任何一个变化，通常都会造成理解者在更新心理表征时处理成本的增加，而信息处理的最大成本通常与时间和人物的不连续性有关。

（4）基于记忆的语篇处理理论。该理论论述了基于记忆的语篇处理的研究方法。在其他的理论和模型中，着眼点都是语篇处理机制主动性的运作，也就是说，在构建语篇表征时，这些机制都是主动地提取信息。然而，基于记忆的语篇处理理论则是建立在记忆提取的被动机制的基础上。根据这种观点，新输入信息既与语篇的已有模型共振，也与长期记忆中的信息共振。记忆的信息被用来解读新输入的句子，使之与新信息和谐共振。

（5）概念整合理论。该理论是关于语篇理解的一个综合性的认知理论。概念整合是把来自不同认知域的框架结合起来的一系列认知活动。人们在进行思考、交谈的过程中，会不断构建一些概念包，存储于虚拟的心理空间里，话语活动中会不断建立新的心理空间，每个心理空间只是一个临时结构，其存在依赖于某个或某些特定的或相关的更广泛、更固定的知识结构。概念整合的要旨可以概括为"整体大于部分之和"，由整合产生的整体意义就是"浮现意义"。概念整合经过构建过程、完善过程、扩展过程，生成一个在输入中并不存在的新结构，即新显结构，从而获得话语的新显意义。

2. 信息处理

信息处理讨论的是语篇包含了哪些信息，它们又是如何组织的。信息处理反映了说话人努力把听话人的注意力引导向某些信息，来帮助听话人成功地进行知识整合。在语篇开始时，说话人可以用常识信息来帮助听话人构建一个事件的序幕，在语篇进行中可以用某种方式突出强调一个对听话人来说是新的或出乎意料的信息。

听话人对语篇意义的处理，就是要把知识整合成一个连贯的画面，实际上也就是在自己的意识中重构起一个与说话人相同或类似的画面，它包含了与说话人头脑中一样的概念和事件。因此，语篇意义在很大程度上取决于说话人是否能够有效地控制传递给听话人的信息流。反过来，听话人所形成的知识连贯程度，受制于说话人提供的信息连贯程度。

信息流主要由下面三种信息的有效控制而定，它们构成了语篇中语义信息处理的三条主线：

（1）修辞操作。所谓修辞，是指说话人的目的以及为达成该目的所实施的行为。就一个语篇而言，参与者必须清楚语篇交际的目标和意图，因为它们极大地限制了说话人在生成语篇时形成的命题的内容，也制约着听话人对接收到的言语的分析和解读。

语篇里语言结构的使用与说话人的言语行为密切相关。言语行为理论的核心观点是语言是用来做事的，即以言行事。话语的言语行为分析关注的是影响小句和句子类型的局部因素。作为行为的语言在较高层次的语篇组织上也有所体现。通过考察48篇科技论文的引言部分，我们发现每个引言都包含了四个重要的子行为，这些子行为可以被称为"语步"，每个语步都包含了说话人从研究对象的概念表征中选择出来的关键性信息。一个典型的科技论文引言就是由四个语步组成，分别是确定研究领域、综述先期研究、引入本研究、介绍本研究。

所有的哲学研究，都以某种形式提出了一套有层级的、有组织的行为。高级层次的结构可以分解为受限制的低级层次的单位；低级层次的单位可以按照限定的方式进行组合，构成高级层次的语篇组织。

修辞操作对于语篇语义学的重要性在于，首先，信息的整合（不管是向语篇内整合还是从语篇向外整合）并不是对单个句子的处理。各个句子都要放在更高层级的统筹考虑之下进行整合，而这种统筹考虑是由修辞方法操作的。其次，随着语篇的展开，词汇和句法知识会指明这样或那样的信息状况，决定哪些信息是主题性的或焦点性的，这就要看更高层次的修辞目的。

（2）主题操作。主题操作是语篇语义学的核心概念之一。主题指的是在语篇或话语中，某些概念或命题对于语篇发展起着更重要的、更核心的作用，它们构成语篇的框架，其他的细节围绕它们展开。在语篇解读时，主题更易于被记忆，它们是语篇得以发展的中心元素，是语篇的参与者必须随时掌握的信息。

受制于修辞目的，说话人进入概念表征后，为听话人动态地选择指示对象和命题。说话人这样做的时候，也就实时地决定了哪些指示对象和命题对于语篇的发展和构建是更核心的或者更重要的。这些出发点最终可以帮助听话人构建自己的概念表征。可以这样理解，这些重要的所指和出发点规定了语篇的主题组织。限定这一领域相关的语用概念和过程，就被称为主题操作。

语篇的主题操作涉及的相关领域包括四点：第一，小句层上的主位与话题；第二，更高层次的，即段落或语篇的主题；第三，语篇的前显；第四，主题操作的认知基础，即记忆、注意、意识等认知过程及相互关系。主题操作属于信息结构研究的范畴，是功能语言学研究的重要课题之一。

（3）指示操作。语篇的交际必然涉及对现实世界中的人、事物和事件的指称。话语交际的参与者必须随时掌握共同所指对象和命题，才能进行有效的交际。因此，对语篇的指示操作的分析也是语篇意义构建的重要部分。大体上，指示对象和命题可以分为两类：一类是共有信息，即说话人认为或相信听话人已经了解的信息；另一类是目标信息，即说话人认为听话人在帮助下才能理解的信息。互相照应的共用或非共用的所指和命题，限定了语篇的指示组织。限定这一领域的相关语用概念和认知过程，通常被称为指示操作。

指示操作的一个重要问题，就是厘清说话人和听话人在语篇生成和理解过程中是如何全程跟踪各个所指。全程跟踪所指对象涉及三个问题：一是把所指引入语篇中；二是一旦引入，就维持该指称关系；三是长距离间隔之后再次引入该所指。

说话人会使用特定的语言形式来把所指对象引入语篇中，典型的方式是用非限定的名词短语、句子调焦或者较靠后的词语位置等。说话人在向听话人指示可用的所指对象时，除了直接指称外，还可以使用其他有变化的语言形式，最常见的有回指形式、代词或限定的名词短语等，以此来向听话人提供可用的所指对象。这样的所指对象可以看成是概念表征中已经激活的或入位的。说话人也可以在长时间间隔或打断之后，再次引入某个所指。

保持对所指的全程跟踪，还涉及所指对象的激活状态与语篇的颗粒性（即语篇各个部分之间的可分解性）的互动关系。在众多语篇指示操作的语言学和心理学研究中，最有影响的是情节模型论。它把回指代词的使用看成是特定语篇结构—段落与情节—函数。其理论基础为：虽然语篇以线性的方式产生，但它是以有层次的方式组织的，并按情节处理的，即语义的单位取决于更高层次上的宏观命题。情节组织的方式对于跟进语篇的所指具有重大的影响。

综上所述，知识整合和信息处理是语篇语义研究的两个不可分割的方面。知识整合是语篇理解的方法，信息处理是实现知识整合的具体手段。知识整合要求信息处理必须有效，但是有效的信息处理并不足以保证知识整合。信息处理的三个方面界定了语篇信息处理的核心问题，各个领域内都有大量的研究文献，但是它们分属于不同的研究领域。目前，还没有形成一个综合性的模型来说明这三个方面是如何实现知识整合的。

三、语篇语义的隐喻观

人们对语篇的基本看法，深刻地影响并决定着我们建立的语篇语义学理论和模型。对语篇的基本隐喻观，决定着如何看待语篇语义的构建机制和过程。对语篇的意义及功能主要有以下三种不同的观点。

（一）管道隐喻观

把语篇看作管道的观点，是对语篇的一种很朴素的认识，是最简单、最直接、最直观的隐喻。这种观点是把语篇看作一个人工制成的语言的管道，说话人以口语或书面语的形式，把自己意图表达的意义包装在这个管道产品中，传递给语篇的接受者，接受者收到语篇，打开这个管道，依次从中提取出意义。

这种观点符合交际学中线型交际的基本模式。在信息论的数学模型中，在信息源头发送者编码信息，以一定的渠道发送给接受者；接受者解码信息，接受该信息，使信息送达到交际的目的地。

雅各布森（Jakobson）提出了类似的交际观，不过他的模型要简单得多。其基本模型是"把文学语篇严格地放在与其他言语事件相同的交际语境中"。兰泽（Lanser）对雅各布森的交际模式做了精细的修订，使交际信息的编码和解码纳入更丰富的因素，信息的编码和解码双方的处理过程更为灵活，也更注重交际语境的多重性（The Manifold Nature of Communicative Context）。兰泽的交际模式的核心，是"发话人→文本→受话人"的关系。

因此，根据线型的交际观，语篇是交际意义的主要承载体。而语篇的意义就相当于交际的管道，它沟通交际双方，使信息能从发送者传递到接受者。这个线型的交际模式意味着：就一个语篇的组成成分来讲，语篇前部的成分先传递，先得到处理；语篇后部的成分后传递，后得到处理。

依照这种观点，语篇的意义就是其线型组成成分意义的累积。不过，语篇的线型成分可以组合成不同的层次，在语篇理解中，通常处理为段落大意。在语篇意义的管道中体现为节。

管道隐喻观容易让人把语言和语篇看成是包含意义的，把意义看成是语篇本身所具有的内在属性，认为语篇的意义在于其自身具体的组成成分，即词和句子的意义的累加。语篇的意义全部来自语篇中语言的具体成分和组织的细节。说话人如果不能把自己的意图与所生成语篇的具体细节密切地配合，就不能清楚地表达自己的意思；反过来，听话人如果不能提取语篇具体细节的意义，就不能理解语篇的意义。因此，从某种程度上来说，语言被看作是一种精确的工具，可以通过语篇的实体实现意义的精确传递。语篇既是分析的目标，又是分析的源头，有时候成为解释意义内容和结构的唯一的信息源头。

因为语篇意义的管道观的思想基础是线型的交际理论，所以，就意义的来源来说，管道观侧重语篇的生产者。也就是说，管道观的语篇语义学，分析的核心是语篇的生产者如何通过话语的线性组织编码，把自己的意图传递给语篇的接受者。在这个模式中，语篇的意义属于语篇生产者，语篇的语义是语篇自身的属性，自然地存在于语篇中。语篇的生产者已经按照一定的顺序将其"封装"在语篇的"管道"中，语篇的接受者只需要把它提取出来就行了。在这个过程中语篇的接受者是隐身的，因为语篇意义的构建几乎没有或者不需要他的主动作用。

（二）蓝图隐喻观

语篇的蓝图隐喻观把语篇看成是与建筑蓝图类似的东西。语篇的蓝图观认为，说话人关于某个事件或思想持有一个概念表征，他意图在听话人的意识中再造一个这样的表征。听话人在这个过程中既不是无助的，也不是被动的，而是积极地参与到相关概念表征的构建活动中。说话人所起的作用，就像是一个建筑师，他的语言产出，即语篇，与其说是完整、充实的语义构造，倒不如说是帮助听话人构建自己概念表征的蓝图。真正的蓝图是不包含任何实际的建筑材料的，只按惯例描述了该怎样运用建筑材料去建造一座大厦。与之类似，语篇自身包含的意义很少，或者说几乎没有，它的作用只是按照常规，指导听话人建造一个概念的大厦。

蓝图观的语篇语义学理论把语篇看成是语义处理的指导。语篇的成分，如语篇中的语言项、语法、结构等特征，成为在语境中构建语篇意义的指向标，指导着语篇的接受者应该如何处理相关的信息。在这个语境中，各个信息点既有线性的关系，同时又可能与其他信息点发生某种关系，由点到线、由线到面，形成一个相互交织的信息网，从而形成语篇意义的"蓝图"。

把意义看成是过程，语篇的意义构建就成为逐步构建模型空间的过程，而这个模型空间又可用来整合文本世界知识，形成一个语篇的意义块，供下一步信息的处理或存储使用。

蓝图观的语篇语义学把语篇看成是指导意义构建的"指南"，即蓝图。语篇的意义不再是语篇自身的属性，轻而易举就可以拿来，语篇语义是一个过程。语篇意义的构建要求语篇的接受者按图索骥，辨别语篇成分的语义信息，确立它们之间的关系。因此，蓝图观的语篇语言学侧重的是语篇的接受者。

（三）建筑隐喻观

语篇语义建筑观的隐喻与蓝图观的隐喻很相似，但是又有所不同。蓝图观是把语篇看成说话人的产品，它的作用像一个蓝图，只是给听话人提供语义构建的提示，指导听话人构建语篇语义，但是这个"蓝图"本身不包含确切的材料。所以，蓝图观隐喻的立足点是从说话人出发的。

从听话人的立场来看，语篇语义的构建过程，更像是建造一座大厦的过程，这就是语篇语义建筑观的隐喻。几个比较有影响力的语篇理解的模型，关于语篇中句子信息组合和语篇知识整合的假设和论述，都符合建筑过程的隐喻。例如，构建—整合模型，语篇理解开始时输入的句子信息，构成了"语篇基"，随后输入的信息，要映射到这个语篇基上，这就是信息的构造；然后，再与心中已有的世界知识相结合，形成知识整合。再如，结构建造模型，语篇理解中先处理的句子信息，以主要的人物和事件为主，形成了语篇意义结构的基础（Foundation），后面的信息映射到这个基础上；如果后面的信息与基础有关，语篇的语义是连贯的，那么就继续建造这个语篇结构；如果新的信息发生了变化，就会对语篇的语义结构进行修改，甚至新建一个不同的语篇语义结构。

从这些理论来看，语篇开始的部分都被视为语篇语义结构的基础，这就像是打造建筑物的地基，而后面的信息会不断地添加到这个基础上来。在这个基础上，信息添加的过程中还可能形成一些较大的，既相对独立又互相联系的语义单位，就像是建筑物中具有特定功能和结构的楼层或分区。建筑的模式和过程是多种多样的，也反映了语篇语义构建的复杂性。

总体上看，建筑隐观喻反映了语篇语义构建的动态过程，也与我们理解语篇的心理过程相一致。

四、语篇的语义分析

话语在语篇中的分布方式、某一话语被分配给特定语篇的方式、语言被分类为各种语篇类型的方式，以及各种类型语篇的内部构成方式，不仅仅是形式问题，所有这些方式都是语篇意义的一部分，它们影响了潜在的语义的产生和交换。语篇的分布、组织、变化、变形以及实际运用中的语言结构的功能和形式等，所有这些都是语言在语篇层次的特征。

语段或语段列的意义是其所处的语篇所具有的功能，更确切地说，语篇赋予语段或语段列在语篇中的位置和功能。这一观点是语篇语义理论的核心。语篇语义理论的目的就是要解释现实的、可能的以及可想象的语言意义，同时还要对这些意义的产生过程加以说明。根据以上论述，人们已经清楚地认识到语篇理论导致了对语义研究的新认识：语义学的研究对象不再是最终的、一成不变的语言意义，而是语篇的组织结构和语篇意义的产生。

（一）语篇分析的必要性

首先，语篇分析关注的焦点是意义的产生。和语用学一样，语篇分析关注的不是类似逻辑语义分析和结构分析中静态的、预先设定的意义。其次，语篇是一种结构，这种结构可以使结构分析超越语段产生的时间顺序。针对某一特定的语篇，结构分析具有良好的适用性。但是，在如何处理语篇之间的关系方面，比如，那些产生于不同时代、出于不同的作者、具有不同文化背景的语篇，结构分析就显得难以胜任；又比如，那些具有明显的共同特征的语篇，至少就这些语篇的解释而言，它们之间存在相互影响的关系。

语篇分析试图避免传统的有关意义的种种假设，视语言为一种语段序列，既表现出连贯性也具有非连续性；除了较集中的误解和寒暄性交际之外，语篇分析把有效的交际看成语言运用的唯一形式。语篇分析研究某一类型的语篇，如教学、叙事、权力、政治性歌词、男女对话等，通过大量收集属于某一语篇类型的语言材料，一旦确立了语篇类型，就有可能对其内部结构及其发生作用的方式进行说明。随着时间的推移，语篇的构成顺序可能会发生明显的变化，可能有些话语形式已经明确地被废弃，即它们不再出现在相应的语篇中，但在逻辑上仍属于这类语篇。两种不同类型的语篇之间可能存在重要联系和信息交换，比如，一种独特的语篇类型在消亡之时，已被包含在另一种语篇类型之中；或者，一种新的语篇形式被创造出来的时候，就已表明它与现有语篇形式有所区别，比如，广告语篇、网络语篇等。❶

（二）语篇分析的内容

语篇分析把语言交际的全过程纳入其研究范围，涉及完成交际所需的全部条件和所有功能，基于这一原因，语篇研究需要全面的分析方法。正如语言及其运用一直处于变化中，其相关的分析方法也需要更新。首先，语篇的分析方法需要若干学科的支撑，它们能够分别说明语篇某一方面的特性。其次，语篇分析必须考虑的三个核心维度的学科是结构主义语

---

❶ 杨家勤，毛浩然，徐起起 . 演讲叙事语篇的修辞功能与结构模式研究 [J]. 中国外语，2013（6）：32–39.

言学、认知科学、符号学。最后，语篇分析方法还包括交际研究（电子媒体、印刷媒体、信息来源分布等）、语用学、心理语言学、逻辑学、社会语言学、社会学研究等学科的方法。

1. 语篇的结构分析

对于某一特定的口头或书面语篇，可以分析其内部结构，"结构描写赋予语篇层次特征，并运用多种不同的单位、范畴、图示模型和关系对这些层次进行分析"❶。这种分析层次，始于传统的结构主义语言学的音位系统、形态系统以及句法系统。音位系统描写音位如何组成口语语段，形态系统描写语素如何构成词汇，句法系统解释句子的结构。

继而，分析层次超越了句子层面，语篇语言学更为细致地考察语篇的内部结构，以及不同的语篇类型之间的形式关系和主位关系的比较。

需要强调的是，应该注意这种结构分析与传统语法术语之间的差异，因为我们关注的是语篇的语义。英国语言学家杰弗里·利奇（Geoffrey Leech）曾试图发展一种在结构层面上操作的句子语义学，并主张停止在语义分析中套用诸如名词、动词等单位概念，而应寻求在语义层面上操作的单位和结构。于是，杰弗里·利奇提出了"成分分析"概念，旨在发现"意义单位"是如何共同组成语义逻辑结构，即句子的意义。利奇的结论是：被实施成分分析的语义单位小于句子，但有可能大于词。利奇发现，组成"述谓"概念的单位，包含"主词"和"谓词"两部分。

利奇的成分分析是断言逻辑和转换生成语法的结合体，由于这种分析方法严格以结构为依据，所以不能充分解释语篇意义，也不能运用语篇分析手段对意义做出解释。但是，这种起源于结构主义的分析方法，如果被结合进一个更广泛、更全面、更具批评性的理论体系，那将是一种有益的分析工具。❷

2. 语篇的认知过程

结构分析完全忽视了语言的一个特性，即语言运用的主体不是计算机或者"完美的"的大脑，而是处于一定社会情景中的人，语言的运用和意义的产生是一个认知过程。人创造和理解语篇，但语篇结构的复杂性不可能超出人脑的语言加工能力。一个参与讨论的人只具有某种程度的"全局观"，即他没有能力再现事件的全过程和前面出现过的全部的语篇，他对当前语篇的理解以及回答都受到这一情况的制约。这一现象被称为"短期

---

❶ 胡曙中. 西方修辞学：当今语言研究之理论渊源 [J]. 外语电化教学 .2008（4）：47–53.
❷ 毕文娟. 浅谈语篇教学在英语教学中的运用 [J]. 中国成人教育 .2007（18）：168–169.

记忆能力"。另外，人们在说话或写作时所采取的策略受到若干情景因素的影响，比如，受话的对象、发话人想要采取的态度以及对话题表现出的兴趣大小等。

精神分析也可能成为语篇意义分析的线索。根据弗洛伊德的观点，语言行为受潜意识的影响。有时，说话人所讲的并非出于有意，但这种无意间说出的话却可能被用作意义分析的证据。

因此，在考虑语篇的组织结构时，还必须注意到语篇的构成与认知表征、情景意识、语义策略、潜意识的影响等可变因素有关。

（三）语篇分析的意义

语篇语义理论优于传统的语义学，并可对传统的语义理论进行检验。下面将从语言总的组织结构层次上对意义的产生进行阐述。

1. 有助于理解句子的深层含义

根据构成单词的声音、字母组合以及构成句子的词汇组合，推断出的只是句子的基本语义特征。然而，在不同的语境中，同一个句子会有不同的意义，会在语篇中处于不同的位置。例如："Mary took his hand and led him to the door."这句话在侦探故事和爱情故事中的意义有很大的差别。在侦探小说中，"Mary"很可能是警官，"him"则可能是罪犯；而在爱情故事中，"him"很可能是个盲人。然而，在不同的语篇中，这句话却具有某些共同特征，是"一个人领着另外一个人"。另外，有些句子在语篇中的意义与其语法和词汇意义完全不同，这种现象与语言使用者共有的社会和语言指示有关，而非因语法或构词规则所造成。

由此可见，"意义"作为一种交际现象，不可能被切分为独立的或单个的意义单位。句子和语段的组合构成语篇，而各种语篇又以多种方式组织在一起，以图书、报纸、杂志、选集等形式出现。这种连词成句的组合方式，在句子层面以上的语言结构中仍然存在。构成语篇的句子处于横组合关系中，而这些句子又来源于处于纵聚合关系中的可供选择的句子。语篇的内部结构可以通过"衔接"关系中的语法指称现象进行描写。所谓"指称"就是用不同的表达形式来指代相同的人、物、时间、地点等。"连贯"概念是对语义层面的语篇内部结构进行的描写。如果语篇的情节或构思具有某种内在逻辑性，那么这一构思或情节就是"连贯"的。"连贯"在不同的语篇之间同样存在，语篇之间的"连贯"被称为"篇际性"。传统观点认为，只要句子与句子之间存在某种程度的衔接和连贯，就可以根据这些句子的潜在意义和它们的组合方式得出语篇的意义。

总之，语言的组织结构在最小的和最大的单位之间运作，最小的语言单位是音位和语素，而最大的语言单位是可观察到的横组合关系，即所有产生于过去或将来的人类语言的语篇形式。

2. 有助于观点态度的产生

语篇的组织结构是纷繁复杂的语篇意义的一个明显而且重要的参数。除此之外，语篇中还有一些模糊、隐含的特性同样对语篇有重要的意义。具体如下：

（1）语篇的生产者。每一个语言使用者都会在语篇中表明某种观点或态度。首先，与说话人有关的某些因素，如社会地位和交际手段，不可避免地确定了其语言使用的出发点。其次，语言使用者一旦开始说或写，他的意识形态观点也随即同时确立。总之，一个人一旦开始使用语言，他同时就成为某种概念、信仰以及意识形态的拥有者。这种现象并不是自发的，不是先于语言而存在，或独立于语言而存在的。在开始说话之前，语言使用者不会具有这样的观点或态度。当然，一个人的自言自语是一种不同的情形，这种"内在的"语言应该是心理语言学一个有趣的研究领域。

从社会学的角度看，语言使用者在语篇中所表现出的观点或态度依其社会交往能力、认知能力以及语言能力而定。社交能力和社会情景是产生意义的环境的一部分，"语域"概念就是"在一定的社会情景中可被理解的潜在意义"。因此，在特定的交际情景中，如果某些意义存在于交际参与者的"语域"之外，那么这些意义就是不能被理解的。由此可以看出，语言使用者在语篇中表达的观点或态度，以及促使这些观点或态度产生的因素（包括语言使用者的观念，如政治观点等，以及诸如"to think" "to assume" "to know"等动词的使用），使得语言能够构建语篇所表达的观点或立场，而且这些因素本身就具有丰富的含义，因为它们反映了语篇发生作用的方式。

（2）连贯以及其他语篇机制。语篇的许多特征，如"衔接" "连贯" "篇际性"等，被认为是语篇中的系统性或规律性的因素，语篇实践正是以这些因素为依据，才使语篇的产生成为可能。比如，"连贯"作为一种语篇特征，使语篇的理解和解释变得更为容易。宏观结构是一种语义信息，它赋予语篇整体上的一致性。如果没有这种整体上的连贯性，就不会有语篇成分在位置上的连接和延续。按照预先给定的位置上的连贯标准，构成语篇的句子能以恰当的方式连接在一起，如果对句子的连接没有总体上的限制，那么经连接而成的句子序列将会处于一种混乱状态。因此，对语篇总体上的控制和限制是必不可少的，缺少了这种控制和限制将会引起混乱，因为意义的表达将会产生混乱。所以，根据传统的静态的语义研究，对语篇总体上的限制是意义产生的前提条件，同时，控制也是一种限制的手段，把意义限制在"理性"的范围之内，也就是说，语篇的意义应该是合乎常识和逻辑的。

由于语篇是对符号的创造性使用，它本身就具有丰富的意义。语篇概念允许解释者将某一特定语篇视为一个符号整体，如新闻语篇、广告语篇等。通过总体的连贯限制，某一特定的语篇应该表达一个明确的主题，其意义或多或少是清楚的或者单一、明确的。语篇是一个语义概念。连贯和语篇概念起着一种排斥作用，它们阻止某些话语以语篇的形式出现，或者以能够被理解的语言形式出现。

如上所述，成分的排列顺序是作为语篇的语言的主要特征，这种排列顺序在语言运用中同样以某种方式起着作用。这种顺序之所以被固定下来，是因为它有助于语言使用者对语篇的顺序进行控制。学术文章的结构是固定的语篇顺序的一个例证。不同的研究领域和研究机构的组织形式会对该领域或机构的学术思想的形成和发展产生影响。

由此可见，实际的话语构建受某些默认的先决条件所制约，为了清楚地说明这些先决条件，语篇的语义分析应该包括对构建语篇的习惯以及语篇的固定顺序等语篇因素进行考察。通过了解这些概念及其功能，可以了解意义产生的条件以及意义产生范围的限制因素。

（四）语篇分析的应用

根据以上讨论，基本已经有了一个较为全面的语篇语义理论。以下将讨论语篇的语义理论在语言研究和语篇分析中的运用。

1. 生产者通过语篇实践控制或行使权力

首先，语篇的语义理论指出了传统的"交际""语篇""作者"以及"意图"等概念的不足。语篇语义理论认为，上述概念是语篇中不可分割的有机整体，是语篇的机制，有其特定的功能。语篇分析作为一种语义研究，有赖于新的语义研究方法。这些语篇机制应被视为意义产生的前提条件，必须对其所起的作用加以清楚地描述和解释；意义应被视为语言运用和语篇实践的一种功能，语篇的生产者可以通过意义实施控制或行使权力。

现在以"作者"（Author）为例对语篇实践加以说明，以便考察"作者"对意义的产生所起的作用。

任何一个语篇都是由人完成的，因此似乎可以认为，说话人或作者应对其所说或所写内容的意义负责任。根据传统的观点，一个语篇必须表明一种个人的主观立场，这一任务通常是由被称为"作者"的人来完成的。然而，前面的讨论已清楚地表明，对语篇意义负责的并非某个具体的人，而是由语篇制造出的"说话者"（Speaker）。语篇的"说话者"在本质上不仅依赖于语篇本身，也依赖于语篇的被阅读，而且往往是被反复阅读。

安东尼·伊斯特霍普（Anthony Easthope）指出："任何语篇都不断地以不同的方式被不同的人阅读和反复阅读，被相同的人在不同的时期阅读，被不同的人在不同的时期阅读，语篇的意义总是在阅读的过程中产生的。"读者生产意义的这种能力过去经常被忽视，而且经常被认为存在于语篇中。传统的批评理论认为，"作者"这一概念是不容怀疑的，而且是预先提供的，以便明确语篇应该怎样被阅读。

回顾历史会有助于更好地了解"作者"的本质及其发生作用的方式。考察"作者"一词的词源会发现，在拉丁语中"auctor"有两种含义，第一种含义是"写作者，即语篇的完成者"；第二种含义是"被授权的、具有某种权威的证人"。英语中"author"的派生词"authority"（权威）所表达的意义，恰好可以说明我们所认为的、语篇所具有的个人的主观因素。

"作者""叙述者"只是一个更大范围的语篇实践者的一部分。如果某一语篇被认为是小说，那么它就被定位于包含了其他众多小说的小说语篇之中；如果某一语篇被认为具有文学意义，那就意味着它与整个文学的语篇世界有着特定的联系，而不是别的语篇世界，对其意义的解释也将依据文学的标准和假设。

2. 应用于实际语篇的语义分析

把前文所讨论的语篇语义理论用于实际语篇的语义分析，可产生以下三种分析方法：

（1）概念变化的分析。有意义的语篇在其构成上总表现出一定的顺序特征，因此，在语篇分析中，有必要研究语篇各组成部分的组织排列方式。许多词语在我们看来是代表客观实体的符号，实际上它们只是概念的物化表达形式，是概念所包含的所有要素的"浓缩"。语篇不同，其涉及的概念的要素也会有所不同。诸如"爱""家庭""美""童年"等词，在客观世界中并没有对应的实物，它们是属于某类语篇的概念。随着社会、政治、经济、文化等因素的改变，概念也经常会发生变化。术语和语篇顺序的改变可以被看成是"概念重建"的表现形式，或者反过来说，语篇顺序的改变为人的理解活动建立了概念。因此，对于特定的语篇，其意义的理解和分析应完全依据所使用的词语，即，依据对词义恰当的理解以及对词所包含概念的把握。另外，把那些在语篇中本可以使用而未被使用的词或概念纳入考虑的范围，可以对我们有所启示。对概念和概念变化的分析是语篇语义分析的重要方法。

（2）语篇策略。不能把语篇策略仅仅看成语言能力的一部分，也不能简单地将其归结为语言行为。因为，目前还没有一套清楚的规则可用于描述语言能力的生成。语言行为以语言系统为基础，说话人不可能完全随心所欲地使用语言。构建意义的策略，以及如何扩大或缩小可能的意义解释的范围，是语篇整体意义构建的一部分。因而，应通过语义分析的方法加以研究。另外，这些可能出现的多样化的解释，将对说话人或作者的语义策略产生影响，因为说话人或作者通常知道自己会有多少听众或读者，这就使得他能够预测可能出现的语义解释。总之，语义分析要考虑语篇的各种物质条件，包括编码系统、信息的传送系统、复制和记录以及重复的方式手段。

（3）语篇的物质条件。被传统语义学研究所忽视的语篇的另一个方面，是对信息进行解码的符号系统，以及传递信息的媒介。曾有观点认为，符号系统是中性的，可以传递所有可能的信息。但是，现在普遍的观点却认为，对符号系统的选择可以对产生意义的空间起限制作用。就语言符号而言，有必要在各个层面上对语言的符号系统进行分析，如作为符号的字母系统、词汇、音系以及语篇。对语篇起决定作用的是语言，因为语篇遵循其物质属性所具有的规律，即物质性。另外，传递被编码的信息的系统也可以限制构建意义的范围。比如，口语只能将信息传递给数量有限的受众，对口语信息的口头复述取决于记忆力，而记忆则会随着时间的推移而衰减。与此相反，书籍或电子出版物却可以无限量地扩大受众的范围，从而把可能出现的语义解释置于更大的范围之内。

总之，语篇作为一种表达手段，并不是一个可以同等地表达意识形态信息的中性载体，而是为意识形态"量身定做"的，因此，语篇本身就带有意识形态的标记。

由于在实际的交际中存在对意义的误解和解释的多样化，以及在阐释学意义上由意义解释引起的各种问题，所以，任何语言现象都会有多种意义，语言在多个层面上都具有意义，而不仅是交际层面。与其说语言运用的核心是意义、解释、理解，倒不如说是语篇的确立、排序、变化以及篇章的使用。对语篇而言，不存在现成的主体，即语篇的生产者和理解者；也不存在现成的客体，即语言所指代的对象。语篇的意义不是清楚、单一的，而是存在多种解释和理解的，而且语篇还具有隐含意义。

第三章　英语语言表达的系统性探究

随着改革开放的深入和国际贸易的发展，社会对外贸人才的需求越来越多，要求也越来越高。英语语言是思想表达的工具，而修辞是语言表达的艺术。为了增强语言的表达效果，英语中常用修辞手法间接、委婉、含蓄地表达思想。本章从英汉语言文化表达的对比切入，重点探讨英语语言表达中的口语表达以及英语语言中写作的批判性表达。

第一节　英汉语言文化表达的对比研究

一、日常谈话中的对比

（一）打招呼与告别

中国人在吃饭前后打招呼常用"吃了吗"，等于英语中的"Hello"或"Hi"，但如果照字面译成"Have you eaten yet？"或"Have you had your lunch？"那么外国人听起来就很怪。如果按照字面翻译，就意味着邀请对方去吃饭，这就是英汉打招呼上的差别。再如，汉语中的"上哪儿去啊？"和"到哪儿去啦？"这样打招呼的话直译成英语就是"Where are you going？"和"Where have you been？"用这两句英语来打招呼，大部分讲英语的人听了会不高兴，他们可能会回答："It's none of your business！"（你管得着吗！）❶

幸而，打招呼的话并不都令人感到奇怪或者引起对方反感。有许多打招呼的话是相似的，有些只是说法不同。在许多语言里，打招呼的话往往与时间有关，但即使在一种语言中也有不一致的地方。英语中有"Good morning、Good afternoon、Good evening"都相当于汉语中的"您好"，只是

---

❶ 邓炎昌，刘润清．语言与文化：英汉语言文化对比 [M]．北京：外语教学与研究出版社，1989.

说的时间不同而已，但不说"Good noon"。而"Good night"（晚安、明天见、再会）根本不是打招呼的话（大多数讲英语的人不会这样说），这只是告别时说的话。

两个中国人初次见面时，没有什么特别的汉语说法，而多数讲英语的人初次见面总要说"I'm pleased to meet you"（认识你很高兴）之类的客套话。分手时，他们还要说句"It's nice meeting you"或"It's nice to have met you"（能认识你很高兴）之类的话。

人们分手时通常说"Good-bye、Bye-bye、An revoir、Hasta la vista"，相当于中国人说"再见"。几乎所有语言中都有类似的说法。但在说"Good-bye"或"再见"之前，还有些客套语很有意思，各种语言也不尽相同。如有贵客或不大熟悉的人来访或串门，在客人离开时，按中国的习惯，主人要把客人送到房门口或大门口。客人对主人说"请留步"，主人最后要说"走好""慢走""慢点儿骑（自行车）"之类的客套话。这些说法都不能直接译成英语。如果说"Stay here"听起来十分别扭。如果说"Go slowly""Walk slowly"或"Ride slowly"，也很不自然。其实，微微一笑并做个表示再见的手势就可以了。

（二）称呼

许多讲英语的人经常用名字称呼别人（如：Tom、Michael，Linda、Jane等），而不用某某先生、某某太太或某某小姐（如：Mr Summers、Mrs Howard、Miss Jones等）。这种做法在美国人中尤为普遍，甚至初次见面就用名字称呼。不仅年龄相近的人之间这样称呼，年龄悬殊的人之间也这样称呼，这并没有不尊重对方的意思。可以听到孩子叫年长的人Joe、Ben、Helen等。甚至孩子对父母或祖父母也可以这样称呼。例如，许多大学生叫老师的名字。老师们对这种做法并不反感，也不认为学生不尊重自己或过于随便。他们反而认为学生能这样做，正好说明自己待人友好，平易近人。这当然与中国的习惯完全相反。

中国人称呼家庭成员、亲戚或邻居时，往往用"二哥""三姐""四婶""周大伯"之类。这些称呼不可用于英语。用英语称呼时不论对男人还是女人，一般直呼其名就行了。主要的例外是：称父母为Dad、Mom、Mum、Mother等，称祖父母为Grandpa、Grandma等，有时称年长的亲戚为Aunt Mary或Uncle Jim（注意：一般用名字，不用姓）。就连对这种亲属关系，美国人也倾向于用名字相称，不用表示亲属关系的词语。

中国人称呼别人时，有时称此人当时所担任的职务，前面加上他的姓，如"黄局长""林经理""马校长"之类。但是，很少听到讲英语的人称别人为Bureau Director Smith（史密斯局长），Manager Jackson（杰克逊经理），Principal Morris（莫里斯校长）。只有少数职业或职务可用于称呼。如医生或有博士学位的人称Doctor-；有权主持法庭审判的人可称Judge-；州长和市长可称Governor-和Mayor-，但往往只称Governor或Mayor，省去其名；Professor一词也有类似用法。

应该指出，对军官的称呼在汉英两种语言中也有所不同。在汉语中用姓加职务，如"陈司令""郝团长""梁排长"等。在英语中则用姓加军衔，不用姓加职务，如可以说Captain Johnson（约翰逊上尉），却不说Company Commander Johnson（约翰逊连长）；可以说Admiral Benjamin（本杰明海军上将），却不说Fleet Commander Benjamin（本杰明舰队司令官）。

汉语作品译成英语时，经常将某些称呼直译成英语词，如把"爷爷"译成Grandpa，"姑姑"译成Auntie，"嫂子"译成Sister-in-law，讲英语的人听起来不顺耳，实际上也不完全对应。有些人用英语写中国的内容时，用这些称呼使文字带有中国色彩，这是无可非议的。不过，有些称呼易使人为难。例如，如何称呼教师，就一直是个问题，无论是Teacher（老师），还是Teacher Zhang（张老师），都不符合英语习惯。若称教师为Mr Wang（王先生），Mrs Yang（杨太太）或Miss Fei（费小姐），中国人又觉得有些刺耳。

还有"师傅""警察叔叔""解放军叔叔"等称呼。如果把"师傅"译成Master，就带有"主仆关系"的意思，不是目前汉语"师傅"二字所表达的意思。更难办的是，原来"师傅"只用来称呼老手艺人、工人、厨师、汽车司机等，现在却成了一种很普遍的称呼，不问职业，不分男女，都可以称"师傅"。把"解放军叔叔"译成PLA Uncle，把"警察叔叔"译成Uncle Policeman都不妥。第一，很多外国人不知道PLA代表"中国人民解放军"；第二，在西方，军队、警察和人民的关系不像在中国这样亲密，不明白为什么要称他们为"叔叔"。

二、敬辞与谦辞的对比

讲英语的人和中国人交谈时，要注意语言上和文化上的差异，即跟长辈或上级说话时与跟同辈或下级说话时不一样，往往要使用某些尊称或敬词。如果使用同样的词语，会认为用词不当而失礼，甚至显得高傲。另外，在跟长辈谈话或给长辈写信提到自己时，要用谦词或卑词，否则也会被人认为失礼。近二三十年来，这种情况虽有变化，但未消失，敬词和谦词仍在使用，但不像原来那样普遍。

讲英语的人在用汉语交谈时，对敬词和谦词问题感到特别困难。因为在英语中敬词和谦词很少，目前一般还在用的就更少了。在英语中，跟自己的同级说话或写信时也许需要用比较尊敬的语气，但并不需要什么特殊的词语。不论对方年龄多大，级别或地位多高，"你"就是"你"，"我"就是"我"，没有像汉语中的"您"这样的称呼。另外，中国人不习惯用平常的话语直截了当、不加修饰地与年长的人、客人或有地位的人说话。甚至同讲英语的人谈话时，也难以接受或遵守对方的习惯；中国人说话时，总是用"有礼貌的"或"客气的"词语，有时用尊称或敬词，有时则用谦词。

最近几十年，中国人的日常生活中也不大使用过于拘谨的、礼节性的套语了，许多显得很庄重、很客气的尊称和敬词已经淘汰。有些敬词或套话还有人用，但主要是上年纪的、受过教育的人。

政府各机关之间或同一机关各部门之间来往的文件所用语体可称"公文语体"。英语和汉语中都有类似说法来区别上级和下级、领导和被领导之间的关系。英语中有hand down a directive、issue orders、submit a report等。汉语中有"发布命令""下达指示""呈报""呈递""呈请"等。英语中这种词语可能比较少，但整个行文语气有时会使人感到生硬、不自然，下级给上级的文件中，有时充满"谦卑"的语气。上级给下级的文件中有时又有居高临下、咄咄逼人的语气。

三、文体的对比

西方人和中国人看问题的方法在很多方面不同。因此，英语和汉语的文体也确有差别。

（一）英汉文体的相同之处

用汉语和英语写作有相同之处。深塑地了解主题，周密地考虑内容，慎重地选择材料，真诚而简洁地表达思想。不仅适用于英语，而且很可能适用于一切语言。

（二）英汉文体的不同之处

1. 叙述和描写

汉语文体中的叙述和描写与英语文体相比，往往显得有些矫揉造作。在这一方面，中国学生的普遍缺点在于形容词用得过多。在好文章里当然要有形容词，形容词可使文章生色，人物栩栩如生，情景跃然纸上。但如果使用不当，则效果相反——使读者很快失去兴趣，感到厌烦。据说，美国著名律师和政治家丹尼尔·韦伯斯特有过这样一段经历。他年轻时发表演说，文胜于质，言过其实。后来他认识到，只有简洁明快的演说和文章才能给人以深刻印象。一番话是否有力量全在于内容。韦伯斯特的语体文风变了，他把注意力集中在思想内容上，研究怎样把思想内容表达得鲜明有力。他尽量少用形容词，非用不可时，通常也选最简单、最确切的词语。

形容词用得过多不好，使用不当也不好。这不仅是学习外语的学生的写作特点，也是初出茅庐的作者的通病。他们往往借助大量形容词和副词来装点自己的作品。像great、marvelous、wonderful、very之类的修饰词用得太滥，早已毫无意味，显得苍白无力。有些形容词经过仔细推敲后选用，还可能起一些作用，但效果未必理想。作者试图美化文字，使内容富有生机，但是辞藻华丽、内容贫乏的文章，实质上并没有什么吸引力。

研究一下英国优秀作品就可以看出，真正的艺术家遣词造句都是十分精确的，他们选用的动词特别耐人寻味。

2. 固定词组

中国人和讲英语的人对固定词组的看法有所不同。在用英语写作时，人们不主张多用所谓"陈词滥调"或"老一套的说法"。然而，用汉语写作时则讲究用四字成语。在汉语中，许多成语虽经反复使用，在文章中仍不断出现。在一篇论文中总是少不了的，例如，在评论一篇论文或发言时，几乎免不了要用这样的说法："一气呵成""别具一格""引人入胜""慷慨激昂""栩栩如生""咬文嚼字""油腔滑调""强词夺理""牵强附会"等。在文章中适当运用这些四字成语进行润饰，可起到"画龙点睛"的作用，使文字更加生动。当然，即使用汉语写文章，也应尽量避免过多地使用这类成语。

3. 说理性文章

在说理性文章（如政论文、社论或讨论社会问题的论文等）的写作中，英语和汉语有所不同，主要表现在语气上和措辞上不那么强硬或富有战斗性。其指导思想是：to let the facts speak for themselves（让事实本身说话）。换句话说，事实本身应该能说服读者。因此，这类文章中很少使用下列短语：we must（我们必须），we should not（我们不该），it is wrong to…（是错误的），it is absurd（是荒谬的），cannot be denied（不可否认），resolutely demand（坚决要求）等。一般来说，英语在语气上比较有节制，措辞比较温和。当然，现代中国的政论性文章也首先注重事实，但仍比较强调战斗性，强调立场鲜明。应该认识到这种不同的态度，这是十分重要的。经验证明，一篇用汉语写的措辞强硬的政论文或社论，翻译成英语后往往不能达到预期效果。直率生硬的语气和措辞有时使人不快，怀疑作者自知理亏，不能摆事实、讲道理，只好使用激烈的言辞。

优秀的英语论文一般会列出令人信服的事实，作者不下结论，结论让读者自己来下。必要时至多简单地提一笔。讲英语的人不喜欢别人"强加某种观点"，也不愿意让别人教他们该怎样思考问题。

美国安妮特·鲁宾斯坦博士在她的著作中提到她在教美国文学选读课纳·霍桑的作品时，班上中国学生的情况：中国学生批评霍桑在小说结尾处观点不明朗，结论不明确。读者看完中国作家写的小说，就完全知道作者的观点，而在美国，作者认为最好启发读者进行独立思考。此时，中国学生就经常会问：怎样知道是非曲直？虽然不是所有的中国人都这样看，但却有相当一部分人持有这种观点。

4. 中国式英语

除了以上三点，还有中国式的英语问题。中国式的英语是受汉语干扰或影响而说出或写出的英语。有些英语句子是从汉语句子逐字翻译而来的。在语法上，中国式英语可能不错，但遣词造句和表达方式与标准英语的习惯用法不符，虽可能不妨碍理解原意，但不宜用。

常见的中国式英语与汉语中"吃饭""读书""唱歌""跳舞""付钱"之类的动宾词组有关。遇到这种动宾结构时，一定要把宾语说出来或写出来。英语则不然，动词本身含有宾语所表示的意思，不言自明，一般可省略。有的中国学生没有意识到这一点，经常造出听起来很不顺耳的句子。

有些中国式英语的说法与人体部位有关。汉语中说"腰痛"，英语中不说waistache，而说backache. 例如：Oh，my aching back！如果发生了什么滑稽可笑的事，中国人会"捧腹大笑"，而讲英语的人则说hold one's sides with laughter，不说hold their stomachs or bellies。有趣的是，stomachache既指"胃痛"，也指"肚子痛"，在英语中两者并无区别。中国人往往会去找"胃痛"的英语对应词。再说说人体的其他部位，汉语中有"双目失明"的说法，但把它译成two eyes are blind就很可笑。讲英语的人会问How can one be blind except in the eyes？（一个人除了眼睛还有哪儿会瞎呢？）blind（瞎）只能指"眼睛瞎"。可以说：He's blind、He's completely blind或He's lost his eyesight。

有些汉语语句中带有修饰语显得很自然，完全合乎汉语习惯，但这个修饰语如果译成英语，效果就会适得其反。一位在某专业方面有地位的人到某机关、团体或公司访问，人家往往会对他说"请提宝贵意见"。如果这句话译成Please give us your valuable opinions，访问者就会感到为难，大概会想：How do I or they know whether my opinions are valuable or not？（我或者他们怎么知道我的意见是否宝贵呢？）在这种场合如果提了意见，就不够谦虚，Yes，my opinions are valuable，here they are.（好，下面就是我的宝贵意见。）因此，为了避嫌，他（她）干脆什么意见也不提了。其实，在这句话里汉语的"宝贵"二字表示your opinions will be appreciated（您提的意见我们会尊重并加以认真考虑的）。

同样，"毫无根据的地捏造"这一说法在汉语里完全说得通。"毫无根据"四字有加强语气的作用，并非表示有限定意义的修饰语。但这个汉语不能译成groundless lies或groundless fabrication。在英国人或美国人的心目中lies（谎言）或fabrication（捏造）本身就是groundless（毫无根据的），如果能说groundless lies，那就意味着能说well-grounded lies/fabrication这样荒谬的话。因此groundless不但是多余的，而且是不合逻辑的——正如中国谚语所说的，那是"画蛇添足"（adding feet to the serpent）。

不少常用的汉语说法译成英语时要仔细斟酌。如："不切实际的幻想"（impractical illusions——难道有合乎实际的幻想吗？）、"残酷的迫害"（cruel persecution——难道有不残酷的迫害吗？）等。

在处理这种汉语说法时，要考虑英语中是否保留修饰语，如果修饰语不起强调作用，反而歪曲了原意，那么就应将修饰语略去。在翻译时省略或变通不仅是允许的，而且是必要的。

人们在熟练掌握一种外语前，在用这种外语说话和写作时，必然会受本族语的影响。同样，在学会用英语思维前，在表达思想时，也往往会逐字把汉语译成英语。学生的英语越不熟练，这种情况就越明显，所以在英语学习的某一阶段或某些阶段，学生难免会用一定数量的中国式英语来说话和写作。要想用地道的英语表达思想，除需要在词汇、短语、表达方式等方面具有相当坚实的基础外，还需要知道怎样才能使自己的言语得体，合乎社会习惯。学生要把所有这些知识同他想表达的汉语意思联系起来，然后从各种说法中选出意义最相近的对应词语。请注意，在意义上、语气上、含义上、文体上和联想上的对应才是真正的对应。

第二节　英语语言表达中的口语表达

一、简约表达法

在对话者的心目中和行为中，口语表达最关心的不是语法形式是否恰当、用词是否典雅准确、词语拼法是否正确、音节发音是否规范完整，对话者只要求对话能快速而流畅地进行，对方容易理解，因此大量使用日常简短词语。日常对话的口头用语重在传达基本意义，而不是精确意义。如果使用词形短小（Short Form）的缩略语，而且次要词语和音节在说话中不发音或一掠带过，就可以用较短的时间、较少的语言表达意思，因此口语中非正式语体包含了在词语选择、词语拼写、发音和句子语法上大量的简略和缩略❶：

（1）词语缩略法。长词变短、大词变小，音节也相应减少，这类缩略词多属于动词及名词；两个或两个以上的词简化成一个词或两个词的缩略词；两个或两个以上的词语经过简化，成为只留下起首字母的缩略词。

（2）语法简略法。语法完整的句子都比较长，为求交谈能快速流畅地进行，或使语言表达更生动、活泼、有力，口语对话在许多场合会不顾语法是否规范，而在句子中只保留表义最基本的关键词语。这种用法称为语法简略法。

二、通俗法

对话所用的口语是按所想、所见、所闻，随时、随地、因人、因事而进行灵活、生动、即时的言语交流。使用的口头语的特点是通俗的而不是典雅的，随意的而不是深思熟虑的，片段的而不是系统的，属于非正式语体而不是正式语体，因此，带有明显的通俗性、非正式性。

通俗法是英语口语表达最重要的技巧之一，首先就是使用通俗的词语（the common or popular group of words）。（引自Britannica：*Book of English Usage*，1980）

通俗法亦即"非正式（Informal）表达法"，其中，口头性的通俗表达（Colloquial Expression）是指非正式交谈时所用的十分通俗的非正式用语。这种表达法大量使用非正式词语、动词短语等，有时还夹杂地方性词语。具体表现如下：

1.语言上的特点

（1）词的选用。选择短词、小词和日常使用的通俗词语，而非长词、大词、典雅词语。

（2）句子多用简洁的主动语态，一般少用被动语态。简洁的主动语态是一种直截了当、有力、清晰而不曲折或隐晦的表达方法，最适合用于通

---

❶ 杨真洪 . 论"英汉语言文化比较与翻译"的科目理据 [J]. 外语教学，2004，25（4）：33-36.

俗口语（非正式语体）。当然，在较正式的讲话以及书面句子里也会用得上主动语态。❶

（3）句中的动词常直接使用一个简单的行为动词，或短语动词（Phrasal Verbs），尽量不用动词性名词（Verbal Nouns）。因动词性名词的词形比较长，含义比较隐晦，不够直接，而且多与被动语态一起使用，这更增加了句子表意的曲折性，只适用于正式程度很高的书写语体或正式演讲。短语动词多由get、put、take、set、come、go等短小单音节动词构成（其后紧跟一个副词或介词），用起来比较灵活、生动，含义鲜明，便于口语交流，比复杂冗长而隐晦的动名词好得多。

2. 不同的口语形式

（1）较正式的口语报告、通告、讲述，如电台、电视台的新闻、政经、文化报道或讲述，会议的研讨发言及专题报告。这类形式的口语表达所用的语言在正式语体和非正式语体之间，既属于正式场合的口语，也有一定的通俗性。

（2）较轻松的、非正式的讲话、讨论和交谈（Relaxed Informal Spoken Style）。这类形式的口语大量使用带介词的动词短语（Prepositional Verbs），而且动作的表达多直接使用行动动词，而不是动词性名。

（3）轻松的、简化的、很不正式的口语交流，如闲谈（Chat）、口语化的新闻报道或分析。这类形式的口语表述用词通俗、浅显，并常加入重复的词语（Repletion）和插入语（即充填语，Fillers）。

3. 交流要注意的要点

除了要充分体现上述非正式口语交流的性质和语言特点之外，在日常会话和交谈中，中国人要想更好地运用通俗化的技巧说英语，还需注意以下几个问题：

（1）怎样称呼人。对长辈、上级和初见面不熟悉的客人，很正式的称呼法是在姓名前加先生（Mr.）或女士（Ms.）。

（2）单词句、双词句的运用。长话短说，说短句而不说长句，是通俗表达法最常用的技巧，因此要善于运用一些富有意义、言简意赅、直截了当的短句来表达意思，尤其运用单词句和双词句（可以在说话时用发音和音调的调控表明其特有的意义）。

（3）通俗口语和友善的肢体语言并用。在朋友或熟人之间进行友好的

---

❶ 温忠义．"英语语言表达能力"概念界定及评价指标研究 [J]. 重庆大学学报：社会科学版，2015,21（2）：155-161.

交谈时，友善的肢体语言常能配合通俗口语营造一种轻松、随和的气氛。友善的肢体语言可表现在嘴角挂着微笑，一脸轻松的表情，眼睛露出关注和赏识的目光，不时以诚恳地点头表示认同对方的话和对交谈感兴趣，也可坦诚地通过面容的变化表达自己不同的感情。

（4）通俗而不粗俗。对话中运用的通俗语言（词汇和短语）虽然是非正式语体的口语，但都是社会公众可以接受的，尽管也经常使用习语（Idioms）和一部分俚语（Slang），使交谈更加生动活泼，语言的互动更加熟络，然而也不应粗俗无礼（Rude）、使用粗话（Vulgarism）甚至忌语（如禁忌性词语"Taboo"）。

三、礼貌法

对话和口语交流是最常见的社交活动，社交需要礼貌，换句话说，礼貌是社交的通行证。在对话过程中，礼貌能够表示出对对方的尊重、关心和照顾。

1. 礼貌的语境

礼貌应体现在以下多种语境和场合：

在友好交谈场合中，使用适当的礼貌语言，不要使用粗鲁无礼的语言。

对别人的好意、帮助、款待、赠送、提供服务等，都要表示感谢。

给别人增添麻烦，造成干扰、不便、碰撞，可能留下不良印象，或没有遵守承诺，或表现不好，要道歉。

要尊重对方，平等待人。尊重文化差异、性格特点、个人隐私，不伤害别人的感情。一般（尤其对陌生人）不询问对方的年龄、婚姻、家庭、收入的情况。

向对方提建议和要求时，不要自以为是，强加于人。

要表现出理解和必要的包容的态度。包容也是一种礼貌。

要耐心倾听别人说话，不随便打断；不要只顾自己说，不留时间给别人讲。

争论中要允许别人解释，允许别人保留意见。

2. 礼貌用词

英语口语有4个词语，是礼貌语言的基本元素，这4个词语大体上可分别称为：道谢之词thank、请求之词please、致歉之词sorry和祈谅之词excuse me。

（1）Thank。thank是一个道谢之词，多讲几句thank you或thanks，对方只会欢喜，不会见怪。凡是要道谢的场合，都可说thank you或thanks。

（2）Please。在礼貌语言中，please用得十分多，它有两大功能：其一，凡请人办点事，麻烦别人帮忙，或邀请别人到访、就座、进餐等都用please；其二，某些需加重客气程度的句子，要加上please。

（3）Excuse me。Excuse me（请原谅、不好意思、对不起）是一个祈谅语，祈求别人原谅或体谅的短语，它有两大用法：一是自己有了一些（不是很严重、很重大的）言行不妥或不当之处，请求别人原谅或体谅；二是一个想引起别人注意的客气的招呼语，通常会引出一个需要对方帮助或体谅的小小的请求。

（4）Sorry。表示"对不起"的含义，在日常交流中使用比较频繁。

3. 礼貌句的特点

（1）礼貌句多用疑问式来表达，而不是以一般陈述式来表达。因疑问句没有表示定论，而是提出一些可能做到的建议，或可以采纳的选项，留有余地让对方考虑和由对方自己做出选择或决定，对于这样一种以商量式的口吻进行商讨式的交流方式，对方比较容易接受。

（2）礼貌句多用较长句子来表达，语词数越多越显得婉转、间接，没有那么突然和直接，因而也就越显得客气和有礼貌。句子较长的原因，是在短句的基础上加了许多能显示出客气和礼貌意味的助动词（would、could等）形成问句。

（3）礼貌句一般多以间接方式表达。例如，在疑问句中，间接疑问句比直接疑问句较为客气。

4. 交流要注意的要点

（1）在回答yes-no问题时（主要是回应别人提供饮品、食品、服务或赠送礼物时），不要只回答yes或no，要多讲一些相关的话，表示感谢或说明情况。

（2）在口语交流中，当赞扬别人时，要衷心地或诚恳地，按照有理（由）、有节（制）的原则赞扬对方，而受赞扬者要应对得体（Appropriately），恰当地回应别人的赞扬。

第三节　英语语言中写作的批判性表达

批判性思维源自英语"Critical Thinking"，是其直译，指能抓住要领，善于质疑辨析，基于严格推断，富于机智灵气、清晰敏捷的日常思维。批判性思维意味着对事物的真实性、精确性、性质和价值进行个人判断，提倡的是怀疑精神，要求人们不迷信书本、不盲从权威，有一个明辨是非的智慧头脑。有学者将批判性思维视为一组屏风或过滤器，个体将接收到的信息进行批判性分析，筛查出那些不准确、不清晰、不相关、不重要、不一致的信息。在英语写作中，批判性思维的重要性无疑非常突出。批判性思维能力强的学生通常不会人云亦云。相反，他们会对问题进行深入思考，综合分析各个方面的观点，从而清楚地表达自己的观点，并以符合逻辑的方式使用充分的论据加以证明。

一、"批判性思维"的界定方式

所谓思维，就是智力在凭借经验去运作时，为了某种目的所使用的操作技巧。思维具有间接性和概括性。通过思维，可以从知识的一个层次上升到更高层次，可以从某一局部信息推知另一局部信息。一般而言，批判性思维是一种有目的性地对产生知识的过程、理论、方法、背景、证据和评价知识的标准等正确与否做出的自我调节性判断。这种判断表现为分析、解释、评估、推论，以及对判断赖以存在的概念、方法、标准或语境的说明。批判性思维能力是指个体以后天的客观经验为基础，对某一观点做出质疑、反思和判断的能力，是个体对做什么和相信什么做出合理决策的能力。❶

批判性思维以一般性思维能力为基础，诸如分类、比较、分析、综合、抽象和概括等。批判性思维由批判性思维技能和批判精神两种要素构成。批判性思维技能可概括为八个层面：一是抓住议题和中心思想；二是判断已明言或隐含的立场、观点、意图、假设；三是判断证据的准确性和可靠性；四是判断推理的质量和逻辑的一致性；五是多角度考察观点的合理性；六是在更广阔的背景中检验观点的适用性；七是评判事物的价值和意义；八是预测可能的结果。批判精神是有意识地进行评判的心理准备状态、意愿和倾向。其作用是激活个体的批判性思维意愿，引导个体朝某个方向去思考，并以审视的眼光来看待问题。通常包含六个要素：独立自主、自信、乐于思考、不迷信权威、心态开放、尊重他人。

如果说创造性思维是"多谋"，那么批判性思维就是"善断"。信息不能替代思维，思维同样也不能替代信息。信息是思维的材料，思维是为了获得更多的信息。和思维与信息的一般关系一样，批判性思维总是以

---

❶ 张勇先. 英语语言文化概览：英语发展史研究 [M]. 北京：中国人民大学出版社，2018.

一定的思想观点为参照框架，而这些思想观点总是以专业领域知识为基础的，熟悉领域知识最有助于批判性思维的进行。一个经济领域的专家不太可能对医学领域的问题提出深塑的批判性见解。但是，具有专业领域知识并不自然就具有批判性思维能力。批判性精神和技能必须结合领域知识的获得而加以学习和练习。

批判性思维和其他任何思维一样，也必须符合逻辑。批判性思维首先是一种逻辑思维，需要进行归纳推理和演绎推理。但批判性思维更关注思维的真实性、精确性、意义和价值，更强调思维的见识性。逻辑思维的结果或许是符合逻辑的，但不一定有意义。假设某个人大谈特谈他的理论，他的概念很周密，推理也很严密，但听众如果认为其理论没有什么思想性和新见识，那么也不会感兴趣。

二、"批判性思维"对写作的意义

批判性思维对学生的心理发展和现实生活均有非常重要的意义。一个习惯于顺从他人思路的人很难看出他人思维中的不合理性，除非他人的推理存在明显的逻辑矛盾。因此，有意义和价值的思维结果离不开批判性思维。

自古以来，我国学者就特别关注怀疑的思维倾向和态度在治学中的作用，强调学习过程中必须具备批判性思维。先秦时期的《礼记·中庸》即提出"博学之，审问之，慎思之，明辨之，笃行之"。其中，"审问""慎思""明辨"就蕴含了丰富的批判性思维的思想。"审问"即质询，"慎思"，意表暂时悬置判断，"明辨"则指逻辑分析、推理。❶

在信息社会里，批判性思维能力具有重要的现实意义。越来越多的学者将批判性思维列为未来社会的公民必须具备的五大技能之一，另四项技能是处理信息的能力、解决问题的能力、学习能力以及全球意识。面对信息的海洋，个体必须对信息进行适当评价，然后做出决策。独立的批判性思维的缺失会使个体淹没于信息的汪洋大海，受困于各种似是而非的解决方案，也容易被他人别有用心的真实谎言所误导。

批判性思维对于写作尤其重要。批判性思维能力不强的学生，在写作时往往人云亦云，所写的文章或要点不突出，或缺乏新意，或论据不足，或内容空泛无物。与之形成对照的是，批判性思维能力较强的作者能以开

---

❶ 邓炎昌，刘润清．语言与文化：英汉语言文化对比 [M].北京：外语教学与研究出版社，1989.

放的心态独立地创造写作背景，传递观念和目标，高效率地处理每一个创意、决策或计划。换句话说，批判性思维对英语写作的作用体现在作者能对其所写或传递信息的性质、价值、真实性、精确性进行个人的判断和选择，从而对相信什么和写什么做出合理决策。写作的目的不仅是使个体接受现有论题所包含的思想和文化，还要能创造新思想、新文化。个体须具有独立的评判能力，才能评价现有信息中哪些是对阐述、论证主题有重大意义或直接关联的，值得保留和传递；哪些是对阐述、论证主题意义不大或没有关联，而应舍弃。更重要的是，个体在写作过程中要能客观评价其自身所创造并传递的信息是否有意义和价值。

三、"批判性思维"的培养方法

批判性思维并不完全等同于智力、知识和逻辑思维，必须通过个体有意识、有目的的训练方能得以提升。一般而言，首先应养成独立思考的习惯，努力学会清楚地表达个人对论题的看法，经常尝试质疑他人的观点，并提出自己的看法，不刻意与他人保持相同的观点。其次，在平时的学习和生活中努力树立这样的意识：个人的观点必须有依据支撑；仅能表达个人的观点还不够，还应考虑别人的不同意见，以便公正评判自己的观点；评价他人的观点不应带有太多的情感，而应客观分析。最后，个人经历对于论证是很重要的。遇到复杂的论题时不惊慌失措，而是进行冷静思考，即使别人认为是理所当然的事，也应提出质疑。养成经常评论别人观点的习惯，愿意获取更多的关于论题的相关信息。

写作是一种认知和思维的创建过程。写作过程包含两个不同的生成过程——思想内容的形成过程和语言形式的形成过程。思想内容的形成过程包括概念、命题、例证、话题、论点、假设等。语言形式的形成不仅包括遣词、造句、衔接、连贯、语体和文体，更重要的是语言意识的培养，其实质是语言思维能力的培养。一篇好文章，既要有深塑独到的思想，又必须具有流畅而逻辑性强的语言，这两者都需要学生培养自己的批判性思维。

提高批判性思维能力的核心是树立价值引导和自主建构意识。英语写作首先应是一种价值引导，这意味着写作是有目的和方向的。作者应认识到自己对写作负有道义上的责任。价值引导主要体现为在写作中蕴涵着作者的价值选择与预设。而自主建构则意味着作者是一个有自由意志、人格尊严、自主的个体。作者的心智与个性是其在社会性交互作用活动中能动地生成的，任何论题的意义必须经过作者的主观理解才能进入他自己的写作视野。

自主建构与价值引导是相辅相成、不可偏废的。否认价值引导就是否认作者的作用，放弃作者的责任。另外，否认自主建构，就会使价值引导变成机械的信息传递，从而导致行为主义的教育观，其结果是把作者当作机器人，而不是有自由意志、独特而丰富的内心世界以及独立判断能力的人。显然，只有承认价值的引导而非主导作用，才能谈论自主建构的意义；也只有确定自主建构在作者心理过程中的内涵作用，才能谈论价值引导的意义。自主建构与价值引导之间存在着对立统一的关系。价值引导意味着对某一信息的保留或抛弃，并不是完全接受所有呈现在面前的信息，而是批判性地理解和吸收这些信息。个体注意什么、选择什么完全是在其原有经验的基础上根据其自主建构来决定的。强调自主建构预设了个体具有独立的、有选择性的评判能力。强调价值的引导意味着写作并不是强制灌输，克隆出千人一面的八股文，而是提供一个可能的空间，让作者作为个体进行独立的判断与选择，从而使自己的文章具有独特性。

我国的大学生对提升自己英语写作能力的关注点侧重于语言知识、语言结构和写作技巧，对作文自我评估的重点也放在语言形式和篇章结构上，但对自己的批判性思维意识和能力却未能给予足够的重视。训练不足，也就谈不上发展。因此，在今后的写作训练中，应重视培养学生的思维能力，尤其是批判性思维能力，才能使自己的英语写作能力获得实实在在的提高。具体而言，有下列建议：

1. 更新学习理念

应该转变以前只重视写作技巧和写作规范的学习理念，将培养思维能力放在优先位置。在学习过程中不仅注重语言的流畅性、准确性，还要注重思维的清晰性、连贯性、逻辑性和批判性，培养思维的敏感性，从而提高批判性思维能力以及对相关思维技能的运用效率。

2. 选用真实性的写作话题

写作题目要选用具有真实性的话题，尽可能以生活和学习中碰到的实际问题为线索，引导学生进行探索并努力尝试找出解决问题的方法。以真实经历或社会热点话题为论题，可以在丰富情感体验的同时，启发学生独立思考的意识并提高其分析能力。自学活动应该让学习者有充分的时间去思考，有充分的经历去体验，并鼓励学习者自觉去实践、探索。例如，可以养成写日记的习惯，日记不仅包括记下自己的经历，也可以就所经历的事情、所听到的新闻或课堂上的讨论等发表自己的评论和反思。

3. 恰当运用头脑风暴法

头脑风暴法通常是以会议或小组讨论的形式，让参与者在愉快、自由的气氛中，相互启发、知识互补、集思广益，其目的是在整个集体中激发不同的观点和意见。在教学中使用头脑风暴法有助于学生在寻求最佳方案的同时，促进创造力和批判性思维能力的培养。在写作前头脑风暴式的讨论过程中，可根据自己同学的体验和经历进行发散性思维，同学之间还可以进行思想上的碰撞。学生个体通过搜集不同的观点和看法，可以深化自己文章的主题，丰富文章的内容，提高文章的逻辑性，强化自己的篇章谋划能力，从而提高自己的英语写作水平。

4. 以读促写，读写结合

一般而言，年轻学子因人生经验有限，囿于课本与课堂，脱离社会，其思想内容在广度和深度上的不足往往导致其独立批判精神的缺乏。所以，不能单纯指责学生认识肤浅，而应加以引导和鼓励。为了让学生的作文可圈可点，做到言之有物，有独立思辨性，还应要求学生展开课外的深层阅读与独立思考。阅读是言之有物的关键。写作和阅读是分不开的，让学生学会怎样阅读对写作能力的提高至关重要。所以，要学会怎样去阅读，并在阅读中注意培养一种批判性思维的习惯。在阅读时要积极主动地思考，注意信息内容和排列组合的方式，并注意体会各种组合对信息传播所起的作用。大致应经历几个环节，①对文章有总体了解。②梳理、弄清作者想要表达的意思。③分析文章论证结构。④评估论据。⑤推导论据。⑥寻求其他论据。⑦进行综合判断。⑧得出结论。这样可以让学生掌握文章的脉络，并且能够在搜集证据的基础上进行推理和大胆质疑，最终成为反应敏锐的积极读者，从而有助于提高英语写作的思想广度和深度。

5. 鼓励学生们积极开展合作学习

在英语写作学习过程中，建议学生们加强合作学习。学生可自由组合为学习小组，在实际写作开始之前，可以就写作题目进行讨论。在讨论过程中，各抒己见。一方面，合作学习可以丰富个人的见解；另一方面，合作学习也可以促进辩论，丰富自己的世界观和人生观，提高自己的逻辑分析能力和批判性思维能力。学生可以通过不断的反思和推理，提高自己的理解能力、表达能力和识别能力。合作学习包括写作前的讨论、提纲的编写、写作后的同学互评与批改等，有助于学生在写作的各个阶段养成勤思考的习惯，引导自己首先关注文章内容的思想性和逻辑性，其次关注语言形式，体会语法知识的运用、词汇和句式的特征等。合作学习的目的在于帮助学生提高自己的语言识别能力、判断力和批判能力，并最终提高自己的批判性思维和创新能力。促进自己的英语写作水平全面提升。

6. 定期、定时、定量加强写作训练

写作能力的培养和提高不是一蹴而就的，需要平时大量的积累。只有通过大量的英语写作练习，在实践中对写作进行有意识地自我引导，才能真正提高自己的写作能力。通过定期、定时、定量的写作训练来及时解决写作中遇到的问题。在写作过程中思考如何整合思想内容、如何对所选材料进行再加工、如何组织语篇段落、如何正确运用词汇或句式表达等，自觉要求自己灵活运用已有的英语知识，逐步提高行文的准确性和英语思维的逻辑性，由浅入深，循序渐进。在注重基本功训练的同时，通过定期的作文写作，培养自己良好的英语写作习惯，适时对写作量加以控制和调节，持之以恒必能全面提升自己的英语写作能力。

第四章 中外文化差异与跨文化研究

语言与社会和文化有密切的联系，语言的使用离不开作为社会和文化成员的人以及使用语言的环境。外语交际双方来源于不同的文化背景，外语交际能力实际上是一种跨文化的交际能力。本章重点探讨中外文明的特征、中外社会价值观与文化风俗以及中外文化与跨文化交际。

第一节 中外文明的特征

一、文明的理论特征

汉语中，"文明"一词最早出现在《周易》里："见龙在田，天下文明。"唐代孔颖达注疏《尚书》进一步将"文明"解释为："经天纬地曰文，照临四方曰明。""经天纬地"即改造自然，"照临四方"即驱逐愚昧。

西语中的"文明"一词，英语是"civilization"，法语是"civilisation"，德语是"zivilisation"，都源于拉丁文"civitas"，其最初的含义是指"有组织的社会或城市、国家"。它的反义词是"野蛮"。这个词最初出现于18世纪。有人认为苏格兰的历史学家和哲学家亚当斯·弗格森最早使用了"文明"一词；而英国人类学家马林诺夫斯基认为是法国启蒙思想家最早使用了这个词。语言学家科恩认为"文明"一词最早是在1754年由杜尔格使用的，其普及则始于1828～1830年基佐所做的关于欧洲文明史和法国文明史的学术演讲。

关于文明的定义很多，这里说明几种比较有代表性的观点：

（1）两种含义说。就是将文明分为广义和狭义两种。日本学者福泽谕吉认为：文明的含义既可以作广义讲，也可以作狭义解释。若按狭义来说，就是单纯地以人力增加人类的物质需求或增多衣食住的外部装饰。若按广义解释，就不仅仅在于追求衣食住的享受，还要励智修德，把人类提高到高尚的境界。简单地说，狭义的文明专指物质文明，而广义的文明则包括物质文明和精神文明。

（2）三种含义说。文明基本上包含三种含义。①文明是若干个同类民族国家构成的社会整体。②每一种文明都是由政治、经济和文化三个要素构成的，其中文化是文明的核心。③文明是一种以文化为基础的历史形态。

我国有学者也认为文明有三种含义：①一般性含义，用来泛指人类社会的发展史。即从原始社会"开始迄于近日的整个人类社会泛称为文明史"。②阶段性含义，一般是指与社会经济结构相吻合的一个范畴。通常所讲的五种社会形态的划分是与这种含义相一致的，如资本主义文明、社会主义文明等。③区域性含义，即把地球上所有居民，依据历史共同体的类型，划分成各个地区性的文明，如历史学家那里经常用的"中华文明""印度文明""古埃及文明"等。

简单地说，文明就是人类文化发展的积极成果，是人类社会进步的标志。一般而言，文明具有以下性质和重要特征：

（1）文明具有价值取向性。文明的社会不同于原始社会，因为它是定居的、有城市的和识字的。文明的概念提供了一个判断社会的标准，文明与野蛮的对立就是好与坏的对立，文明的社会就是好的社会，不文明的社会就是坏的社会。

（2）文明具有历史性。人类社会的历史发展大概经历了农业文明阶段、工业文明阶段和生态文明阶段。

（3）文明具有地域性。如中华文明、印度文明、西方文明等。

（4）文明具有社会性。文明是人类与动物的自然和野蛮属性相区别的社会性的产物，文明社会一般包括物质文明和精神文明两个方面。

（5）文明具有传播性。

二、文化的理论特征

1952年，美国两位人类学家克罗伯和克拉克洪在《文化：关于概念和定义》一书中，列举了1871～1951年80年间关于文化的定义，竟达161种之多。而在此后又出现了许多有关文化的定义。

比如，17世纪德国历史学家萨穆埃尔·普芬道夫认为文化生活和精神生活基本上是同义词，而所谓精神生活，首先是作为社会的人的天性得到充分发展，是探索人类群体建立基础的一致性，是人类的各种潜在能力依据自然权利做出的表现。英国人类学之父泰勒在1871年出版的《原始文化》一书中把文化与文明连在一起，他说："文化或文明就广泛的人种学意义而论，是一个复杂的整体，包括知识、信仰、艺术、道德、法律、风俗及作为社会成员的人所获得的才能和习惯。"美国学者菲利普·巴格比在《文化：历史的投影》一书中指出："文化，就是社会成员的内在和外在的行为准则。"我国学者对文化也有多种不同的定义。如梁启超在1922年《什么是文化》一文中指出："文化者，人类心能所开释出来之有价值的共业也。"1926年，胡适在《我们对于西洋近代文明的态度》中指出："文化是一种文明所形成的生活的方式。"

之所以出现众多的有关文化的定义，一方面与文化问题的复杂性有关，另一方面也与定义者所处的角度不同有关。历史学派常常把文化看作是社会的遗产，或者传统的行为方式的全部总结；心理学派则往往把文化视为个体心理在历史银幕上的总映像，或者是满足个人心理动机所选择的行为模式；结构功能主义者强调文化是由各种要素或文化特征构成的稳定体系；而发生论者则分辩说文化是社会互动及不同个人交互影响的产品；有的人则偏重文化观念的作用，把文化定义为观念之流，或观念联结；有的人则倾向文化的社会规范的价值，把文化界定为不同人类群体的生活方式，或者共同遵守的行为模式。如此等等，从不同的角度，有不同的文化定义。

从词源学角度来看，文化在中文里的最初含义是"人文化成"，这个含义最早出现在《易经·贲卦象词》中："刚柔交错，天文也；文明以止，人文也。观乎天文，以察时变；观乎人文，以化成天下。"但这时的"文"与"化"是分离的，还没有组成一个词组。真正将"文"与"化"组成一个合成词的是西汉的刘向，他在《说苑·指武》中说："圣人之治天下也，先文德尔后武力。凡武之兴，为不服也，文化不改，然后加诛。夫下愚不移，纯德之所不能化，而后武力加焉。"在这里，"文化"的含义是与武力征服相对的，是以文德来教化、感化的意思，因此也是作为动词词组来用的。晋人束皙在《补亡诗》中有"文化内辑，武功外悠"之句。南齐王融在《曲水诗序》中说："设神理以景俗，敷文化以柔远。""文化"在此成为名词意义上的文治、教化和礼乐典章制度等。

英文中"文化"一词，源于拉丁文的"cultura"，含有"耕耘""培养"之意，由此引申为对人的性情的陶冶、品德的教养。这就跟中国古代"文化"一词的"文治教化"内涵比较接近。所不同的是，中国的"文化"一直专注于精神领域，而"cultura"却是从人类的物质生产出发，进而引申到精神活动领域的。

从总体上说，文化是人类独有的现象，动物不具备文化。如果说文明是与野蛮相对的，那么文化则是相对于"自然"而言的。动物生存于自然中，而人不仅在自然中，也在文化中生存。动物不能将自己从自然界中分离出来，而人则可以将自然作为自己的对象。人与动物的分别，就是文化与自然的分别。文化是人的创造物，同时文化也创造了人，使人成为人。按照通行的观点，人是由劳动所创造的，而劳动也创造了文化。所以说，人通过劳动创造了文化。

简单地说，文化就是人类在社会历史发展过程中为满足自身的需要而不断创造的物质财富和精神财富的总和，这是广义的文化概念，而狭义的文化概念特指精神财富，如文学、艺术、教育、科学等。

一般而言，文化具有以下性质和特征：

（1）文化是人为的，同时也是为人的。

（2）文化具有群体性、社会性、民族性和区域性，而不具有个人性。

（3）文化包括语言，语言是文化的重要载体。

（4）文化具有传播性。

（5）文化具有经济价值，并形成文化产业。

三、两者的关系

（一）学术界的观点

一般认为，文化和文明是相互联系但又不同的两个概念。关于文明与文化的关系，学术界主要有如下几种意见：

（1）文化和文明没有多大差别，甚至可以说，两者是同义的。不少学者均持这种意见。美国学者亨廷顿认为：文明和文化都涉及一个民族全面的生活方式，文明是放大的文化。它们都包括价值、规则、体制和在一个既定社会中历代人赋予了头等重要性的思维模式。

（2）文化包括文明，即文化所包含的概念要比文明更加广泛。不少学者认为，文明是文化的最高形式或高等形式。文明是在文字出现、城市形成和社会分工之后形成的。尤其在历史学和考古学界，普遍认为文明是较高的文化发展阶段。

（3）文明包括文化，文化是文明的组成部分。如汤因比认为每一种文明都是由政治、经济、文化三个要素组成，其中文化是文明的核心。

（4）文化和文明是属性不同的两个部分。有些学者认为，文明是物质文化，文化是精神文化和社会文化。在20世纪之前，德国传统的看法普遍认为，文化包括人的价值、信仰、道德、理想、艺术等因素；而文明仅包括技术、技巧和物质的因素。如德国学者康德，便把人类在物质和技术上的进步称为"文明"，而把人类在道德精神方面的进步称为"文化"。日本《世界大百科事典》也认为：文化是像艺术、科学等具有理想精神的高度价值的高级境界的东西，与此相反，文明则是属于具体的物质的低级境界的概念。

（5）文明是文化的内在价值，文化是文明的外在形式。文明与文化包括以下三种关系：①文明是目的，文化是手段。比如，吃饭是个文明事件，但是不同地区、不同民族的人们却可以通过不同的文化形式来实现这一过程。人们可以用刀叉将食物送到口中，也可以用筷子把食物送到口中，这是不同的文化形式。在前一种意义上，人们可以说茹毛饮血是不文明的表现；在后一种意义上，却不能说吃日本料理没有文化。②文明是内容，文化是形式。比如，穿上衣服是文明的标志，但具体穿什么衣服则是文化的问题。在前一种意义上，人们可以说衣衫褴褛是不文明的表现；在后一种意义上，就不能说穿西装就一定比穿和服、中山装更有文化。由于人们不可能穿一种抽象的服装，所以人们的服装形式必然反映不同的文化。③文明是一元的，文化是多元的。人类迄今为止的历史，都是在用不同的形式来实现共同的文明。

（二）文明与文化的异同

从以上几种观点中可以看出，文化与文明既有相同的一面，又有不同的一面。

1. 相同点

文明与文化的相同性在于两者都是人类在社会实践活动中所创造的物质财富和精神财富，都是人类所独有的现象，在某些条件下是可以互相通用的。如人们既可以说中国文明、西方文明，也可以说中国文化、西方文化；既可以说物质文明、精神文明，也可以说物质文化、精神文化；既可以说农业文明、工业文明，也可以说农业文化、工业文化。这两者并没有绝对的差异。从中外文化比较的角度来说，中华文化和中华文明就是可以互换的词组，具有相重叠的含义。因此，中外文化的比较在某种程度上就是中外文明的比较，没有必要再做进一步的区分。

2. 不同点

虽然文明与文化具有共同之处，但二者毕竟是两个不同的概念，其不同点主要表现在如下几个方面：

（1）文化通常与自然相对，而文明一般与野蛮相对。

（2）从时间上来看，文化的产生早于文明的产生，可以说，文明是文化发展到一定阶段形成的。在原始时代，只有文化，而没有文明。因此，

学术界往往把文明看作是文化的最高形式或高等形式。❶

（3）从空间范围来看，文明可以包含多个民族或国家的文化实体，它的地域范围要比文化广阔得多。可以说"中国文明"，但一般不说"汉族文明"，而说"汉族文化"。也就是说，文明可包含文化，但文化一般不包含文明。

（4）文明一般包含着正面的价值判断，而文化则是中性的；文明往往是指好的或优秀的文化，而文化本身则有精华和糟粕之分。文化往往是一种现存状态，可以说"没文化"或文化程度有高有低，却不可以说"不文化"。文明则不仅是现存状态，还是一种价值取向，所以可以得出"不文明"的价值判断；不同民族的文化没有好坏之分，只有强势文化和弱势文化之分。但需要指出的是，对一种文明作价值判断，是一个非常敏感的问题，需要特别谨慎。19世纪，欧洲人就是根据文明这一标准来判断非欧洲人的社会是否是"文明化"的。欧洲有人甚至把自己的文明作为文明的唯一标准，而排斥和贬低非欧洲社会的文明。这种单一文明观理所当然地遭到了多元文明观的反对。按照多元文明的观点，世界上存在着多种文明，而每一种文明都有着自己存在的独特价值；将自己的文明凌驾于其他文明之上，这种文明观本身就是不文明的。

第二节　中外社会价值观与文化风俗探析

一、中外社会价值观对比

（一）社会价值观的概念

社会价值观是指一个社会中所有的社会群体进行评价活动所形成的共同的价值观念。社会价值观作为一个社会时代精神的内核，渗透到社会的各个方面，在全社会发挥着导向功能、凝聚功能和整合功能。作为社会意识形态，社会价值观体系必然随着社会生产方式的变化而变化。

（二）普世价值的概念

在哲学上，普世价值是指一些有限的、所有人类都认同的观念集合在

---

❶ 李庆本，毕继万，李楠，等 . 中外文化比较与跨文化交际 [M]. 北京：北京语言大学出版社，2014.

一起的价值观念。根据讨论普世价值的立场不同，普世价值可以分为"客观主义"与"相对主义"两种不同的类别。客观主义认为，普世价值是客观存在的人类共同价值观，是放之四海而皆准的，人们必须认识、接受和实践这种价值观。相对主义则认为，人类没有绝对的普世价值，所谓普世价值也是相对的，每个民族和文明都有自己的普遍价值观念。

坚持价值观念的相对性和多样化，本身就是普世价值的体现。因为普世价值是人类在长期的生活实践和交往中，在不同文化的交流碰撞中逐渐形成的共同价值取向，最后以规范化的形式表述出来。它来源于人类的共性，形成于诸多民族的共同参与中，只是不同民族、国家对普世价值形成参与的早晚、贡献的大小不同而已。世界上绝大多数国家和民族都是普世价值的创作者，普世价值不是某个民族独特的发明，普世价值体系是开放的体系。

儒家文化中"三军可夺帅也，匹夫不可夺志也"（思想自由）"和为贵""己所不欲，勿施于人"等思想主张，都包含有许多普世性的价值观念，它们都为普世价值的形成做出了积极贡献。今天的人们已经认识到，需要努力发掘各种文化所包含的普世价值，寻找出人类普世价值观念形成的多样性文化资源。

（三）各国社会价值观的差异

荷兰马斯特里赫特大学（Maastricht University）跨文化研究学者吉尔特·霍夫斯戴德（Geert Hofstede）的研究为人们进行跨文化研究提供了新的思路。

霍夫斯戴德的跨文化研究理论基于他1968～1972年对IBM公司分布于全球64个国家的子公司中的雇员在价值观念和民族文化差异方面进行的一项大型研究项目。这个研究项目采用抽样调查的方式，涵盖了23个国家的学生、19个国家的社会精英、23个国家的商业航空公司飞行员、15个国家的高消费者及14个国家的市政服务管理人员，最后发放的调查问卷总数为116万份。这项研究总结了反映民族文化差异的五个独立维度，它们分别是权力距离指数（PDI）、不确定性回避指数（UAI）、个人主义（IDV）、男性化倾向（MAS）、长期取向性（LTO），并且计算出了50多个国家和地区在这五个维度上的量值。霍夫斯戴德抓住了文化的五个基本维度，并通过量表进行了比较准确的计量，基本上能够描绘一个民族的文化特征，从而揭示了不同文化之间量的差异性。

尽管英国艾塞克斯大学（University of Essex）的布伦丹·麦克斯韦尼（Brendan McSweeney）认为霍夫斯戴德的文化维度五分法不能够反映文化差异的所有方面，文化价值理论有将一国文化价值"平均化"的趋向，但是霍夫斯戴德文化理论的五个维度归纳总结了文化差异的最主要的方面，而且为跨文化研究创立了一个可操作的理论框架，他在专著《文化的影响》中列举了大量的调查数据。这项研究成果的影响之所以延续至今，广泛应用于管理学、社会学、跨文化交际学等领域，与它基于可靠的大量调查有着密不可分的关系。

下面，借用霍夫斯戴德价值分类体系来对比各国文化价值观的异同：

1. 权力距离指数（Power Distance Index，PDI）

PDI是指不同文化中人与人之间的平等程度。高权力距离意味着该社会对于由权力与财富引起的层级差异有很高的认同度；这些社会一般取向于遵从层级制度体系，自下而上的沟通受到严格的限制；人们接受较强的等级制，安心于自己的位置；个体容易接受专断的领导人和雇主，家长喜欢听话的孩子。低权力距离文化则指该社会不再强调公民间的由财富或权力引起的层级差异，而更加强调人与人之间地位、机会的平等，人们接受较弱的等级制；领导人或雇主比较愿意与下属商量，家长注意培养孩子的独立性。

2. 不确定性回避指数（Uncertainty Avoidance Index，UAI）

UAI是指对于不确定性及含糊性的容忍程度。按照霍夫斯戴德的观点，对于将来情形的不确定性是人类生活中的一个基本事实。回避不确定性是指一种文化可以在多大程度上容忍或避免不确定性。不确定性回避指数越高，表示这个文化中的成员在心理上越难以忍受模模糊糊的事情，比较"较真"，于是他们用制定一系列的行为规范来减少不确定性，追求低风险和安全。不确定性回避指数低，表示该文化成员很有能力对付模模糊糊、模棱两可的事情，对此没有心理压力，显得沉静、矜持，随遇而安。

3. 个人主义（Individualism，IDV）

IDV是指社会对于个人成就及人际关系的认同程度。这一指数的数值越大，说明社会的个人主义倾向越明显，如美国；反之，数值越小，则说明该社会的集体主义倾向越明显，如日本和亚洲大多数国家。高个人主义强调个性及个人权利在一个社会中是头等重要的，强调的是自我和个人的成就，与集体、社会的关系松散，相互依赖程度低，倾向于建立一种松散的组织关系架构；低个人主义（集体主义）文化指组织更强调个体之间紧密的联系，强调社区或群体的和谐，强调家庭式的观念和情感依赖以及成员对于组织中其他成员的责任感，与集体、社会联系紧密，相互依赖程度高。

4. 男性化倾向（Masculinity，MAS）

MAS是指对于传统女性的工作角色及男性成功、控制、权力的社会角色模式的认同程度。男性化倾向与女性化倾向用男性度指数（Masculinity Dimension）来衡量。这一指数数值越大，说明该社会的男性化倾向越明显，男性气质越突出；反之，数值越小，说明该社会的男性化倾向越不明显，而女性气质越突出。在男性气质突出的国家，社会竞争意识强烈，社会鼓励和赞赏工作狂，其文化强调公平、竞争，注重工作绩效，活着是为了工作。而女性气质突出的国家中，人们更看重生活的质量，其文化强调平等、团结，工作是为了生活。霍夫斯戴德认为，性别的二元性是人类社会的基本事实，而不同文化对此采取不同态度。男性文化表现出的是力量、自我表现、竞争和雄心壮志。女性文化则表现出注重感情、富于同情心。

5. 长期取向性（Long-Term Orientation，LTO）

LTO是指一个国家或地区是否愿意长期忠诚于传统的、先前的思想和价值观。长期取向的国家或地区强调长期承诺、尊重传统，认为长期忠诚会带来丰厚的结果。然而，这样的组织往往需要很长时间去组建、发展。短期取向的国家或地区则不强调长期观念，同时传统和承诺不会成为发展的绊脚石。

二、世界各地主要文化习俗

习俗是社会规范的主要组成部分，它指的是被广泛接受、渗透在日常生活活动各个方面的习惯，包括衣、食、住、行等诸方面所要遵循的规范。风俗习惯出现最早、流行最广，是最传统的社会规范，是各个民族、各种文化的人们在长期的历史发展过程中积累而形成的一种生活方式。它是民族的、长期的、传统的。

（一）亚洲

1. 日本

如今的日本文化是传统日本文化与外来文化不断接触、融合的结果。有学者按时间顺序，将日本传统文化划分为岩宿文化（？～约8500年之前）、绳纹文化（约8500～2500年之前）、弥生文化（前3世纪～3世纪）、古坟文化（4～6世纪）、飞鸟文化（538～710年）、奈良文化（710～784年）、平安文化（784～1192年）、镰仓文化（1192～1333年）、室町文化（1333～1603年）、江户文化（1603～1868年）等几个时期。经过1868年明治维新，日本走上现代化之路，西方的文化逐渐进入了日本。目前，日本文化正处在中西交流的漩涡中，西方文化看似遍布全国，但传统文化依然生生不息。

传统日本文化是东方传统文化的产物，它重视事物内在的精巧雅致，甚于其外表的宏大辉煌。正如"雅""物哀""侘""寂"等概念所表现的，日本民族美学感觉的特点是客观事物和主观感情的和谐统一。

日本人的传统服装是和服，最早是从中国的唐朝时期传过去的。穿和服对发型、首饰、鞋子都有一定的要求。一般穿一套和服需要花1～2小时。在成人式、婚礼等重大活动时，人们都会穿上精美的和服。在和服的颜色上，日本人都喜欢淡雅的颜色，尤其是白色。

传统的日本料理讲究原料的原汁原味，在制作时要求材料新鲜，注重味觉和视觉的享受，素有"观赏料理"之称。料理主要是米饭、副食、蔬菜和鱼鲜。"和食"中最有代表性的是盖浇饭、寿司、生鱼片、天麸罗等。日本饮食结构低热量、低脂肪、营养平衡，被认为是理想的健康饮食。

樱花是日本的国花，每年3月15～4月15日是日本的"樱花节"。樱花盛开的时候，人们会结伴到公园赏花。大家在樱花树下铺上席子，饮酒、作诗、唱歌、赏花。樱花的花期很短，开的时候花团锦簇，谢的时候纷纷扬扬。樱花历经短暂的绚烂随即凋谢的特点，正是日本人所欣赏的气质。

日本人最喜欢的一种细致感官享受是泡温泉。从古代传下的茶道、花道是他们对精致生活爱好的另一种表现。日本也是一个爱好体育的民族，他们钟爱的体育运动有棒球、相扑等。

2. 韩国

约在公元前3万年前的旧石器时代，朝鲜半岛这片土地上就有人类生活的痕迹。公元前800～公元前400年是朝鲜的"青铜时代"，朝鲜的"墙围城邦"融合成联盟。在之后的一千多年时间里，朝鲜经历了"三国时期""新罗王国""高丽王国"和"李朝"的统治。朝鲜借鉴了中华文明的精华，并努力保留发展了独特的民族身份。在漫长的历史中，为了生存，朝鲜人逐渐形成了忍耐、坚韧、固执的性格，并发展出具有粗野、讽刺意味的泰然自若的幽默感。

韩国的礼仪规范丰富，已经形成了一套详尽的程式化的身体语言，用来培育良好融洽的人际关系。在韩国，人们对名片非常重视，当对方递交名片时，应礼貌地接过来并仔细阅读。

韩国的传统服饰为"韩服"。女士上身穿短上衣，下身穿长裙；男士上身穿短马甲，下身穿在脚踝处扎紧的宽松长裤。现在，人们在正式场合，如婚礼、祭祀时都会穿上传统服饰。

韩国是个爱好美酒佳肴的国度，辣椒与烈酒是必不可少的。用辣椒腌制的泡菜使韩国食品闻名于世。韩国餐的另一个重要组成部分是汤和米饭。但是在招待客人时，烤牛肉通常是主菜。如果要了解韩国文化，最好与韩国人痛饮。米酒、烧酒都是经久不衰的酒类。

3. 泰国

泰国被称为"自由的土地",又被奉为"微笑的国度"。早在公元前3600～公元前250年,班清文化就在泰国东北部繁荣起来。公元前3世纪,印度人的影响就已经存在了。在公元4世纪泰国南部出现了印度石像。随后的几个世纪里,印度文化在统治阶层传播开来。约10世纪时,居住在中国云南地区的一部分中国人来到东南亚北部河流谷地,逐渐发展为泰国人。后来,泰国的发展受到周边国家如柬埔寨、缅甸的影响。但是泰国是东南亚唯一一个没有受到西方殖民统治的国家。

泰国人热情、友善。他们喜欢的词是"撒奴",意思是"好玩的"或者"快活的"。因此,人们喜欢与朋友聚会,即使上班时间,人们也会通过相互传递小吃来调节气氛。

泰国人一般很难生气,一个微笑或道歉常常可以化干戈为玉帛。但是,与泰国人相处,要避免触摸他们的身体,尤其是头顶,也不要用脚指人。大声叫嚷更会被认为是没礼貌的行为。

泰国饮食融合了中国菜和印度菜的特点。咖喱是泰国菜的核心。人们用各式各样的咖喱做成各种香辣可口的菜肴。通常泰国人用勺叉吃饭,右手拿勺,左手拿叉。叉子用来将食物拨到勺里,再用勺将食物送到嘴里。只有吃中式面条时才用筷子。此外,泰国的甜点也非常有名。

4. 印度

印度是世界文明古国之一,有着悠久的历史和灿烂的文化。早在公元前2000多年,印度的原始居民达罗毗荼人就已经有了高度发达的城市文明。大约公元前2000年,游牧民族雅利安人从西北进入印度,打败了达罗毗荼人,将他们赶到了南方。此后,在近千年的时间里,雅利安人由印度河流域逐渐向东南发展,移住恒河流域。这一时期,历史上称为"吠陀时代"和"史诗时代"。"吠陀"原意为"明"或"知识"。吠陀本集共有4部:《梨俱吠陀本集》《娑摩吠陀本集》《夜柔吠陀本集》和《阿闼婆吠陀本集》。史诗时代产生了两部不朽的史诗:《摩诃婆罗多》和《罗摩衍那》。这两部史诗对印度人民的思想行为、道德观念以及文学艺术、风俗习惯都具有深远的影响。

印度在历史上长期处于封建割据、大小王国互相争霸的分裂状态。印度在历史上屡遭民族入侵、占领和殖民统治,因而血统混杂、人种繁多,素有"人种博物馆"之称。各族人民仍保持着各自特有的衣着、饮食、风俗习惯和文化传统。印度的语言也很复杂,极不统一。全印度各民族和部族的语言及方言超过150种。印度语和英语同为官方语言。

印度是一个充满神话传说的国家。神话传说在印度人民中广为流传，成为他们思想行为、道德观念的准则和生活的楷模。印度自古存在种姓制度——按职业的不同把人分为四个等级不同的种姓，分别是婆罗门、刹帝利、吠舍和首陀罗。种姓制度对国家的发展和个人生活的改善均有影响，是社会发展的一大障碍。自印度独立后，政府制定了有关法律，采取了有关措施，状况有所改变。

印度的食物花样繁多，但有一个共同特点，即带有辣味或甜味。最引人注意的是饭菜的调料很多，主要是咖喱粉。印度人吃饭和很多国家不同，他们每餐饭前都要洗手，然后大多使用盘子，用右手抓取。他们只用三四个手指，不但可以吃米饭，甚至能把菜汤同米饭一起搅拌，然后一一送进口中。在印度，人们不论地域、年龄，都习惯使用右手吃饭、给人东西，他们认为右手干净。

印度男子大多穿长衫和陶迪（围裤）、包头巾。女子主要穿裙子、沙丽（传统服饰，裹在身上的经过简单裁剪的布）和紧身上衣等。印度女子喜欢在前额中间点"吉祥痣"，其颜色不同、形状各异，在不同情况下表示不同的含意。总的来说，"吉祥痣"是欢乐、吉祥的象征。

（二）欧洲

1. 英国

在石器时代，现代英国所在的大不列颠岛和欧洲大陆连为一体，那时候就有人类生活。后来由于地质活动，大不列颠岛才与欧洲大陆分离开来。公元前3000~公元前2000年，伊比利亚人来到这里，他们创造了圆形石林。公元前43年，罗马帝国入侵不列颠后，将统治逐渐扩展到英国东南部与威尔士地区。公元2世纪初，罗马人修建了哈德良长城，用来防御北部凯尔特部落的进攻。公元409年，罗马人撤离不列颠后，来自北欧的盎格鲁人、撒克逊人和朱特人纷纷入侵不列颠。慢慢地，征服者与被征服者逐渐融合成为今天的英格兰人。1066年，诺曼人入侵英格兰，又将法国的语言、文字带入英格兰。1689年，经过"光荣革命"后，确立了君主立宪制，从而为工业革命奠定了政治基础。到19世纪中期，英国成为世界上最先进的资本主义国家，拥有"世界工厂"的美誉。

与法国人、意大利人相比，英国人在饮食上不太讲究，也不精于烹饪。英国人喜欢喝茶。他们大多喝红茶，并加入牛奶、糖或柠檬。下午茶时间是下午4~5点。英国人款待朋友也多采用喝下午茶的方式。此时，英国人往往会拿出最好的茶具，摆上各种点心来招待客人。下午茶已经成为英国人重要的生活习惯。此外，炸鱼和炸薯条是英国人喜爱的快餐食品。

英国或英国人的绰号是"约翰牛"，来自1727年的一本书《约翰·布尔的历史》。书中的约翰·布尔是个性情急躁、执拗的绅士。后来，经过漫画家的渲染，这个名字就用来形容英国人傲慢、固执的性格。事实上，英国人大多性格内向、保守。熟人见面往往只谈论天气情况。英国人很注重礼节，在公共场合不能大声喧哗，要排队。另外，女士优先是体现英国男人绅士风度的重要方面。

英国三大传统运动分别为猎狐、打猎、赛马。此外，在英格兰的老牌大学里，划船是非常受欢迎的运动。牛津、剑桥每年三四月都举办划船比赛。传统的项目还有板球和高尔夫球。英国还是许多现代体育项目的诞生地，跨栏、障碍赛跑、现代足球、橄榄球运动都起源于英国。

苏格兰人是英国人的一部分。他们重视自己的文化传统。英格兰的男子有穿方格呢裙的习惯。苏格兰的民族乐器是风笛。苏格兰还是威士忌酒的发源地，在苏格兰，威士忌被人们称作"生命之水""液体黄金"。

2. 法国

法国是欧洲最古老的国度，法国文化是人类历史上一笔有特殊意义和价值的宝贵财富。无论是从史前的拉斯科岩画算起，还是从公元前1世纪罗马帝国凯撒大帝征服高卢算起，法国的文化发展都可以称得上是源远流长。

在西方各国文化的变化与发展过程中，法国经常起到先锋或标兵的作用。法国的古典主义曾经是欧洲各国的楷模。18世纪的资产阶级启蒙思想运动在法国兴起，普及了"理性"和"科学"，首先提出了"自由""平等"的概念。这种推动历史发展的先进思想不仅较为彻底地展开了法国大革命，也在欧洲普及了资产阶级的价值观。19世纪后，法国巴黎成为欧洲文化的中心，新的文化思潮和流派在巴黎诞生，然后迅速地蔓延到欧美其他国家。巴黎作为世界文化的中心，一直到20世纪中期都保持着其优势地位。第二次世界大战后，虽然美国成为超级大国，但法国的文化优势及其影响并未完全被美国替代。法国在文学、美术、戏剧、音乐、建筑等领域内仍旧不断推出新的理念，大胆进行新的实践。巴黎作为世界时装中心的地位不可动摇。法国电影与好莱坞电影旗鼓相当。存在主义哲学和文学、荒诞派戏剧和反传统小说、结构主义、序列音乐、电子音乐等都滥觞于巴黎。

法国的国土轮廓几乎呈对称的六边形，这片国土包含了各种迥异的特质，也养成了法国的独特民族性格：时而诡秘奇异，时而飘逸不定，却又井然有序、和谐融洽。他们重理智，爱好构思、理论和纯粹的思考。同时他们又爱好表述思想，注重逻辑和分析现实的严密性。法国人看上去似乎对秩序、纪律和工作不以为意，但工作起来是认真踏实的；他们个性活泼浪漫，家庭有凝聚力。

法国菜在西方世界有着非常重要的地位，它的烹饪方法及有关吃的礼仪文化构成了西餐文化的主体。法国还是名副其实的奶酪王国，法国全国有36个奶酪生产区，奶酪品种超过300种，堪称世界之最。法国的葡萄酒也驰名世界。由于法国有得天独厚的栽培酿酒葡萄的气候、土壤与环境，所以法国的葡萄酒产区几乎遍布全境，其中著名的有波尔多、勃艮第和香槟地区。

法国人也爱喝咖啡，但他们喝咖啡讲究的不是味道，而是环境和情调。他们喜欢到咖啡馆里，点一小杯咖啡，慢慢地品，或读书看报、或高谈阔论，消磨时间。正因为这种传统独特的咖啡文化，法国的咖啡馆才遍布大街小巷。有些咖啡馆，如"德马格咖啡馆""圆顶咖啡馆""丁香园咖啡馆"等，都曾经是艺术家云集的地方。圆顶咖啡馆的柱子与画还被列为法国国家文化财产。

3. 德国

在青铜时代晚期（公元前500年），日耳曼民族就已在北德低地平原定居。1871年，普鲁士完成了德意志的统一，建立了德意志帝国。与世界上许多国家相比，德意志的历史并不算长。但是就在这不长的一千余年间，德意志民族创造了自己独特的文化。在德意志哲学、政治、音乐、文学以及科学技术历史上，拥有诸多名人，如莱布尼茨、康德、黑格尔、马克思、恩格斯、巴赫、贝多芬、瓦格纳、歌德、席勒、海涅、格林兄弟、普朗克、爱因斯坦等，这些光辉的名字足以说明德意志民族的思辨与理性、才智与创造。

音乐在德国人的文化生活中占据重要的位置，能够欣赏音乐被认为是个人教养的重要组成部分。德国人从小就接受良好的音乐素质教育。他们喜爱唱歌，合唱是德国的音乐传统。德国人喜欢组成各种合唱团自娱自乐。

足球是最受德国人欢迎的体育项目。德国国家足球队曾三获世界杯冠军。球队的风格偏于力量型，讲究充沛的体能和完美的战术。德国人还创造了举世闻名的自由人战术，对现代足球的发展做出了杰出贡献。

德国人喜欢按计划办事，因此，他们无论年龄大小、职位高低，都有随身带记事本的习惯。他们做事情必定事先拟好计划，体现出严格认真的态度。德国人大都严肃沉稳，不尚浮夸。他们遵纪守法和服从的精神令人印象深塑。

德国人爱吃猪肉。红肠、香肠、火腿是德国最有名的食品。德国有名的国菜就是在酸卷心菜上铺满各式香肠与火腿。面包在德国人的一日三餐中不可或缺，奶酪是德国人早餐桌上的必备食品。

4. 俄罗斯

俄罗斯于16世纪才逐渐形成，作为一个横跨欧亚的庞大帝国，由于历史、社会和地理环境等原因，俄罗斯形成了自己独特的民族文化。在18～19世纪，尤其是19世纪，其文化的成就可以说达到了巅峰。最引人注目的是18世纪末～20世纪初的俄罗斯文学。在100年左右的时间里，俄罗斯产生了一个世界上罕见的作家群，其中普希金和列夫·托尔斯泰是世界公认的大文豪。

俄罗斯地大物博、民族众多，人文景观丰富多彩。在俄罗斯领土上生活着130个民族，其中俄罗斯族人最多，占全国人口的82.6%。俄语是俄罗斯的官方语言。此外还有阿尔泰语系、高加索语系和乌拉尔语系。

俄罗斯民族热爱冰上运动，性情豪爽，还是个能歌善舞、极富艺术天分的民族。俄罗斯拥有世界上水平最高的芭蕾舞团。欣赏交响乐和歌剧是大众文化生活的重要组成部分。

面包是俄罗斯人的主食，分黑白两种。二者比较起来，他们更偏爱黑面包。土豆是他们的第二主食，一桌酒宴上要是缺少了土豆就不能成为完整的宴席。此外，俄罗斯人还喜爱鱼子酱、冰激凌、伏特加、牛奶、红茶等食物。

5. 西班牙

西班牙坐落的伊比利亚半岛，在50万年前就有人类狩猎的痕迹。在西班牙的史前遗迹中，最引人注目的是位于大西洋北岸的阿尔塔米拉洞穴。14000年前，石器时代的人类在石壁上塑绘野牛、牡鹿、马和野猪的图案，这些生动的图案成为西班牙艺术史上的第一章。公元前3000年左右，伊比利亚人来此定居。公元前900年，凯尔特人迁移至此。公元前7世纪时，希腊人开始向伊比利亚半岛移民。后来，罗马人征服了西班牙，建立了罗马帝国，从而将它的建筑工程、拉丁语带到这里。756年，阿拉伯王子建立了埃米尔王国，从而将伊斯兰文明引入西班牙。今天，西班牙语中有大约4000个词来自阿拉伯语。

在西班牙，斗牛是传统的表演类节目。斗牛的公牛经过精心挑选，血统纯正。斗牛士通过使用披肩和红布来艺术化地挑逗、控制牛，表现自己的情感，并最终杀死公牛。西班牙人认为斗牛是斗牛士与公牛间戏剧性的舞蹈。西班牙的斗牛季节从每年3月19日开始，到10月12日结束。

西班牙举世闻名的弗拉明戈舞综合了唱歌、音乐和舞蹈，是一种起源于遥远过去的舞蹈，现在成为一种复杂交错的艺术形式。通常认为，非洲音乐和原始舞蹈、罗马时期的舞蹈都对弗拉明戈的形成做出了贡献。

西班牙人性格外向、热烈且骄傲。他们喜欢热闹，于是酒吧成为他们表现自我的地方。这里的酒吧喧嚣热闹，人们高谈阔论。西班牙人还非常慷慨，乐于助人。

西班牙的饮食就像他们的文化一样丰富多彩。鱼、熏肉、干酪、葡萄酒是人们喜爱的食品。

6. 意大利

意大利有着悠久的历史与文化。据古代神话，罗慕路斯和孪生兄弟雷穆斯由母狼哺育长大后，于公元前753年建立了罗马。事实上，自公元前2000年左右，古意大利部落就居住于此。从公元前900年开始，伊特鲁里亚文明开始发展，而在公元前3世纪末期，古罗马人占领了伊特鲁里亚城。新罗马共和国延伸到意大利南部，在公元前241年的第二次迦太基战争后，将西西里纳入自己的版图。公元前202年，罗马击败了迦太基，将西班牙和希腊纳入版图。在恺撒的统治下，罗马征服了高卢和埃及。而在恺撒被刺杀以后，恺撒的养子屋大维击败了对手安东尼和埃及女王克娄巴特拉，于公元前27年建立了古罗马帝国。在随后的几个世纪里，匈奴人和阿拉伯人不断入侵这块土地。意大利中世纪最显著的特征就是北部强大城邦的崛起。到16世纪早期，意大利大部分领土处于奥地利哈布斯堡王朝统治之下。19世纪60年代，在爱国者马志尼和加里波第的努力下，统一运动蓬勃开展。1861年，意大利王国宣布成立，国王埃马努埃莱二世成为统治者。1921年，墨索里尼的法西斯党掌握了国家大权，并在第二次世界大战中和德国结盟，后于1945年4月被意大利游击队击毙。意大利是1957年成立欧洲经济共同体时的6个创始国之一。

14～17世纪的文艺复兴运动发源于意大利佛罗伦萨。在文艺复兴运动中出现了众多的文学艺术大师，如诗人但丁、彼特拉克、薄伽丘等。绘画大师有达·芬奇、米开朗基罗、拉菲尔、提香等。

意大利还是歌剧艺术之乡。歌剧最早产生于16世纪末的佛罗伦萨。后来罗马、威尼斯、那不勒斯也都成为歌剧中心。18世纪，意大利的歌剧艺术传播到整个欧洲，推动了欧洲歌剧艺术的发展。著名的作曲家有罗西尼、威尔第等。

意大利人充满活力而且极富创造力，他们拥有世界上著名的时装设计和制作中心——米兰、罗马和佛罗伦萨。意大利时装业的收入仅次于旅游业。意大利时装设计源于中世纪的手工业，有很长的手工制作历史。大批的设计天才从古典文化中获得创造性的灵感，创造出风格朴素又富有美感的作品。

9世纪时，阿拉伯入侵意大利，带来了水果冻、冰水和甜点。18世纪时，意大利人培育出了番茄。此外，中世纪晚期，面食开始出现。通心粉、实心粉都很有特色。其中，意大利馅饼——比萨，已经成了风靡全世界的食品。在意大利许多地区，人们都要回家吃午饭，午饭是一天中最重要的事，一家人可以在这段时间聊天。

意大利人热情好客，待人接物彬彬有礼。和意大利人谈话要注意分寸，一般谈论工作、新闻、足球，不要谈论政治和美国橄榄球。意大利人忌讳交叉握手，忌讳数字"17"。在意大利人心目中，自由是最重要的，意大利人的守时和集体观念相对差一点，宴会迟到20分钟左右都是十分正常的事情。意大利人有早晨喝咖啡、吃烩水果、喝酸牛奶的习惯。酒，特别是葡萄酒，是意大利人离不开的饮料，不论男女几乎每餐都要喝酒，甚至在喝咖啡时，也要掺上一些酒。

（三）美洲

1. 美国

美国的文化发展大体上分为以下三个时期：

（1）欧洲化时期（18世纪前）。美国早期文化是新移民在继承欧洲传统的基础上，在新大陆不断创新的结果。

（2）美国化（民族化）时期（19世纪）。独立后的美国，开始了塑造自我的美国化时期。这一时期也是美利坚民族的形成时期，美国文化开始表现出开拓型文化和整合型文化两种特征。如果说欧洲化时期体现了继承的力量对美国文化形成的影响，美国化时期则充分展示了环境因素在塑造美国文化形成中的特殊作用。

（3）国际化（世界化）时期（20世纪）。这是美国文化不断创新和辐射世界的时期，也是美国通过"门户开放"政策和经历两次世界大战后开始的文化扩张时期。工业化、商业化和信息化成为国际化时期美国文化的主要特征，并由创造这一文化体系的经营和商标来体现。以发明大王爱迪生为代表的科技文化，以通用汽车为代表的工业文化，以可口可乐为标志的商业文化和以迪士尼、好莱坞为代表的娱乐文化，以及以比尔·盖茨为代表的信息文化等，共同塑造了美国现代文化的物质、制度与价值层面，并随着美国的文化输出而成为世界性的文化。

除了文化的物质、制度与价值层面外，国际化时期的美国文化也由其载体——美国人的构成变化所体现。20世纪60年代以来，来自亚洲和拉美地区的移民数量大增，文化多元化在美国本土得到了进一步的发展。

美国是一个多民族的移民国家，移民来自世界各地，因此美国又被称为"大熔炉"。白人占大多数，其次是黑人、亚洲人、说西班牙语的拉美人、印第安人、阿拉斯加土著人、夏威夷土著人和太平洋岛民。

"山姆大叔"是美国的绰号。这个绰号源自1812年美英战争时期的一个名叫山姆的检验员。他负责在供应军队的货物上盖US的标记。此人开玩笑说这些货物都是"山姆大叔"的。因为"山姆大叔"的缩写也是US。后来,19世纪30年代,美国漫画家将"山姆大叔"画成了一个白发、蓄山羊胡子、头戴星条旗帽的瘦老人。1961年,美国国会通过决议,正式承认"山姆大叔"为美国的民族象征。

爵士乐是19世纪末20世纪初在美国新奥尔良发展起来的一种流行音乐。它保留了非洲音乐的音乐与舞蹈相结合的传统,又吸收了欧洲音乐的和声与声调。布鲁斯,又称蓝调,也是由非洲后裔创造的音乐流派,内容多是表现黑人的不幸生活、对世事的嘲讽,以及对幸福的向往等。摇滚乐也是由爵士乐发展而来,音乐节奏感强、热情奔放,有利于发泄情感。摇滚乐的最大特点就是它的反叛精神,彻底改变了传统的音乐形式。

由于美国人生活节奏快,因此快餐在美国很流行。各种各样的快餐如"热狗""汉堡包""三明治"等。其中,"麦当劳"和"肯德基"已经成为世界知名的连锁快餐店。美国人为了营养还有一大嗜好,就是大量服用维生素。在美国,维生素已被划为健康食品。一些美国人每次用餐之前都会手握大把维生素,一吞而进。

2. 加拿大

加拿大原为印第安人与因纽特人居住地。4万~2万年前,一群游牧民族从西伯利亚出发,越过白令海峡来到阿拉斯加北部。他们在险恶的环境中生存下来并保存了古代文化传统。16世纪,加拿大沦为法、英殖民地,后又被法国割让给英国。1867年,加拿大成为英国最早的自治领地。1926年,英国承认其"平等地位",加拿大始获外交独立权。1931年,成为英联邦成员国,其议会也获得了同英国议会平等的立法权,但仍无修宪权。1982年,英国女王签署《加拿大宪法法案》,加拿大议会获得立宪、修宪的全部权力。

很多早期的加拿大移民是难民,他们固守着自己的文化习俗,希望在加拿大创造出他们在家乡曾拥有的一切。与美国有形的文化传统不同,加拿大的文化传统更为隐秘微妙。作为一个移民国家,1970年,多元文化主义成为加拿大政府的官方政策。加拿大的国际大家庭形象被称为"拼花板"。加拿大社会的多元文化环境被加拿大政府和人民引以为豪,它不但是区别于其他移民输入大国的显著标志,而且是吸引移民的主要原因之一。加拿大是当之无愧的无明显种族歧视的国家。不同种族文化背景的社区或团体为保持或发展本民族或种族的文化而举办的活动,不仅会受到社会的尊敬,还会得到政府的支持。

啤酒、熏肉、冰球和寒冷的冬季共同构成了加拿大的特色。加拿大的食品不是单一品种的，而是包括土著人的、法国的、英国的、美国的和接连不断的移民潮带来的少数民族的食品。

在各种体育活动中，高尔夫球和网球是夏季最适宜的活动。在冬季，人们都爱冰雪运动，越野滑雪、滑冰、在冰上凿洞钓鱼、狗拉雪橇等都是人们喜欢的运动。

3. 南美洲

人类于公元前2万年左右到达南美洲。公元前7500～公元前4500年，印加人开始季节性地种植包括土豆、玉米在内的粮食作物，并开始驯养狗、美洲驼等动物。在公元前300～公元前2000年，安第斯山区就已经有了黄金加工，达到了高度的文明。约1100年，以秘鲁南部库斯科为中心的印加帝国出现，并在15世纪中期达到鼎盛，其疆域北起厄瓜多尔北部，南至智利的塔尔卡。光辉的印加文化是人类物质文明和精神文明的重要组成部分。此外，南美洲在农业、水利灌溉工程、交通驿道、建筑、手工业等方面也达到较高水平。

16世纪初，葡萄牙、西班牙殖民者开始入侵南美洲。葡萄牙侵占了巴西，西班牙统治了除巴西以外的南美广大地区。16世纪末，英国、法国和荷兰殖民者经过激烈争夺，分割了圭亚那地区和近海一些岛屿。从此，全洲进入了长达300年的殖民统治时期。西班牙、葡萄牙等国的社会制度、风俗习惯、文化传统，随移民大批涌入，传播到南美各地，西班牙语、葡萄牙语也逐渐取代印第安语，成为人们普遍使用的正式语言。与此同时，白人男子和土著女人的后代混血儿降生，非洲黑奴也被运来从事蔗糖生产。1888年，更多的移民来到南美洲。形形色色的民族使得南美洲各个地区的民族特色各不相同。

流行于秘鲁、厄瓜多尔、玻利维亚等国的排箫音乐——贝尼亚，曲调忧伤，令人难以忘怀。排箫音乐传统上不带伴唱，但现在发生了一些变化，伴唱的歌声忧伤粗哑，记录了美洲印第安乡下人的日常生活。

探戈是阿根廷最有代表性的舞蹈，起源于一个世纪之前布宜诺斯艾利斯的一个贫民区。探戈起初是没有伴侣的男性移民之间的舞蹈。由于该舞蹈舞步快速、臀部扭动激烈而受到上流社会的鄙视。直到第一次世界大战前才得到国际认可。

桑巴舞则是属于巴西人的舞蹈。"桑巴"一词源于非洲的"肚皮舞"。最早的关于桑巴舞的记载是1875年巴西北部巴依亚的节日庆典。狂欢节上跳的桑巴舞确切的名称是桑巴团。

在南美洲，人们热爱户外运动。登山、滑雪、骑车、乘木筏和皮艇漂流、跳伞、滑翔、丛林旅行等都是人们乐于从事的运动。

第三节 中外文化与跨文化交际研究

一、交际、跨文化交际与第二语言教学

（一）交际与跨文化交际的概念

1.交际的概念

（1）交际的含义。"交际"一词在汉语中自古有之。古时指"接触往来"，"际，接也。交际谓人以礼仪币帛相交接也"（《辞源》），现代定义是"人与人之间的往来接触；社交"（《现代汉语词典》）。

在跨文化交际学中，外语教学界和对外汉语教学界将英语的"communication"译成"交际"，国际政治界译为"交流"，新闻界译为"传播"，交通、通信界译成"沟通""通信""交通"。也有人将其译成"传通"。有人认为，不同译法源于"汉语中没有与Communication相对应的词"，恐怕主要原因还是不同学科和不同领域根据自己的专业要求和术语使用习惯选用适合自己的译法。汉语的"交际"与英语的"communication"的基本含义是对应的，都有共同、共享和相互传递信息的含义。

（2）交际信息交流的过程。交际是交际双方信息交流的动态过程，这一过程包括八个要素，分别是信息源（Source）、信息编码（Encoding）、信息内容（Message）、信息渠道（Channel）、信息接收者（Receiver）、信息解码（Decoding）、信息反应（Response）和信息反馈（Feedback），即交际效果的检验。

（3）交际的特点。包括以下几点：

①动态性（Dynamic）。交际是正在进行的过程，是动态的，而不是静止的。

②互动性（Interactive）。交际是双方互动的，信息发出者与接收者、编码与解码是交替进行的。

③不可挽回性（Irreversible）。一言既出，无法收回，只能修正。因此，交际中一个严重的问题是，无意识的言谈举止有时产生了负面的影响，讲话人却毫无觉察。

④情境性（Physical and Social Context）。包括交际活动的具体环境和交际者之间的关系。

2.跨文化交际的概念

（1）交际与文化。关于交际与文化之间的关系，中国相关学科虽有不少研究，但尚处于不成熟阶段。西方的研究，按照Burrell&Morgan的总结，可以分为四类：

①应用派（Functionalist），依据社会心理学（Social Psychology）理论研究文化差异对人际交往的影响，探究文化与交际的因果关系。

②认知（释义）派（Interpretive），依据人类学和社会语言学（Anthropology and Sociolinguistics）理论研究文化与交际之间的相互影响，着眼于理论认识的探索，重点探索言语群体内部的交际模式。

③人本主义评论派（Critical Humanist），探究的是文化差异在教科书和大众媒体中的反映，研究社会角色变化和文化差异造成的交际冲突。

④社会结构派（Critical Structuralist），将文化看成社会结构（Social Structure），研究的是大众文化语境和文化产业，适用于大众媒体。

前两类与跨文化人际交往有关，应用派理论着眼于跨文化交际行为的实际作用和效果；认知派注重的是理论认知的探索。❶

（2）跨文化交际的界定。"跨文化交际"指的是来自不同文化的人（在此主要指不同国家的人）之间的交际。其主要特点是：文化不同，交际者的历史传统、生活习性、风俗习惯、交际规则、思维方式，乃至价值观念等各方面都会有所不同。这些方面所体现出的文化差异会造成跨文化交际中交际信息的失落、错位，甚至文化冲突，最终还可能导致跨文化交际的失败。

（3）跨文化交际学的兴起与引进。跨文化交际学兴起于美国，美国人类学家爱德华·霍尔（Edward T. Hall）是跨文化交际学的奠基人。霍尔在1959年出版的*The Silent Language*（《无声的语言》）的序言中提出了两个名称"Inter-cultural Communication"和"Cross-cultural Communication"，二者含义相同，都指旅居海外的美国人与当地人之间的交际。后来，跨文化交际所指的范围逐渐扩大到指称来自不同文化（国家）的人之间的交际。20世纪80年代初，跨文化交际学引进中国，随之在我国外语教学界、对外汉语教学界、国际政治教学界、商业教学领域和大众传媒等领域迅速发展起来。以外语教学、对外汉语教学和商业领域的研究与教学的发展最为迅速。各个领域都将"Inter-cultural"和"Cross-cultural"译成"跨文化"，但对"Communication"的译法不同。"Inter-cultural

❶ 贾玉新. 跨文化交际学 [M]. 上海：上海外语教育出版社，1997.

Communication"和"Cross-cultural Communication"在我国都既译成"跨文化交际"，也译成"跨文化交际学"。

（4）广义跨文化交际理论与狭义跨文化交际理论。从广义上看，"跨文化交际"是英语"Cross-cultural Communication"和"Inter-cultural Communication"的共同汉译名。因为这两个名称都指来自不同文化的人之间的交际。从狭义上看，"Cross-cultural Communication"（CCC）与"Inter-cultural Communication"（ICC）不同，在跨文化交际的研究和教学中，需要加以区别。根据CCC与ICC之间的含义、理论和研究方法的差别，可以将"Cross-cultural Communication"译为"跨文化比较论"，将"Inter-cultural Communication"译成"跨文化交际"与"跨文化交际学"，并将CCC与ICC结合译成"跨文化交际"和"跨文化交际学"。CCC与ICC的区别与联系如下：

①CCC与ICC研究的目的不同。CCC研究旨在探索和说明人类不同的文化类型如何通过其不同的文化准则和规则（Cultural Norms and Rules）直接影响和调节人们的交际行为，重在理论认知研究；ICC研究的是跨文化交际的有效性（Effectiveness）和合适性（Appropriateness），注重跨文化交际双方相互文化适应和文化身份的调节，着眼于跨文化交际中实际问题的解决。

②CCC与ICC的含义与内容不同。CCC研究的是不同文化之间的某种社会现象和某种语言形式的相互比较（Comparison）。例如，不同文化之间结婚典礼的习俗比较、不同语言的比较（如词语、句子结构、修辞方式）、某种交际行为的静态比较等。但是，ICC研究的是不同文化的人之间的交际，要求解决的是排除跨文化信息传递过程中文化差异的干扰，保证跨文化交际的顺利进行。简单地说，CCC研究的是文化现象的比较，而ICC研究的是跨越文化的交际及其效果。所以，对不同文化现象与交际行为的静态认知比较研究和不同文化之间的交际行为过程和效果的动态对比研究是CCC与ICC的根本区别。

③CCC与ICC的研究方法也不尽相同。二者之间最大的不同是CCC采用的是比较法（Comparison），研究的是不同文化之间某种现象或某种行为的异同点，是一种静态研究，而ICC采用的是对比分析法（Contrastive Analysis），研究的是文化差异对跨文化交际的干扰过程，是一种动态研究。

④尽管CCC和ICC有不同之处，但是两者同样有联系。ICC理论是在CCC理论的基础上发展起来的。CCC提出的文化差异论和文化比较论为ICC的对比分析法提供了理论基础；理解CCC理论是理解ICC理论的前提；CCC理论又是ICC理论的有机组成部分。ICC的许多研究都不能离开CCC理论，都是在CCC理论的基础上发展起来的。例如，人类文化存在差异，文化差异

直接影响人们的生活方式、行为规范、交际规则、思维方式和价值观念。

（5）跨文化交际与同文化交际的区别。跨文化交际不同于同文化交际（Intracultural Communication）。同文化交际是具有相同文化背景的人之间的交际，包括同种族、同民族、同语言文化群体之内的交际，是具有相同文化背景和文化习俗的人在共同的交际规则指导下进行的交际，解决的是在不同语境中的交际问题。同文化交际基本上不存在文化差异和文化冲突问题：跨文化交际指的是来自不同文化背景的人之间的交际，需要处理的是交际与文化之间的关系，解决的是跨文化语境（Cross-cultural Context/Setting）中的问题。跨文化交际是在观念和信号系统不同的人群之间的交际，文化差异会导致交际信息的失落、误解，甚至文化冲突。此有彼无和此无彼有的信息容易产生失落，交际规则、思维方式和价值观念不同的信息容易产生文化误解，甚至文化冲突。

（6）跨文化交际学的内容。关于跨文化交际学的内容，西方著述颇丰，内容也不尽一致。根据古迪昆斯特（Gudykunst）2005年对西方理论研究的总结，可以归纳为七大类理论，分别是交际与文化之间关系的理论、交际中文化多样性的理论、交际效果的理论、交际适应的理论、文化身份协调与掌控的理论、交际网络的理论和对异文化环境适应的理论。古迪昆斯特于2003年在跨文化交际理论的总结中还讨论了跨文化交际能力以及交际与跨文化人际关系的问题。关于中国跨文化交际理论研究，也有不少著作，其中关世杰与贾玉新的论述比较全面。具体如下：

关世杰的《跨文化交流学：提高涉外交流能力的学问》❶将跨文化交流学的内容综合为4个部分，共15个问题：

第一部分为绪论，讨论的问题有：文化与交流，跨文化交流的模式与特点，构筑跨文化交流学的理论等。第二部分讨论文化与交流的关系，包括文化与感知，文化与思维方式，跨文化交流与世界观、人生观和价值观，跨文化交流中的定型观念和归因，社会规范、物质文化与跨文化交流等。第三部分从交流的过程看跨文化交流，包括跨文化交流中的信息、渠道和反馈，跨文化交流的语言符号系统，跨文化交流中的非言语，交流者之间的关系等。第四部分讨论跨文化交流的不同层次，包括跨文化人际交流、跨文化组织交流以及国家之间的跨文化交流等。

贾玉新的《跨文化交际学》❷分为10个部分，共讨论24个问题：交际、

---

❶ 关世杰. 跨文化交流学：提高涉外交流能力的学问 [M]. 北京：北京大学出版社，1995.

❷ 贾玉新. 跨文化交际学 [M]. 上海：上海外语教育出版社，1997.

文化与跨文化交际，文化定势之对比分析，情景、人际关系与交际文化，规范、符号、代码及编译码，交际之文化差异，跨文化语用对比分析，跨文化语篇对比分析，情景（性别、场合）、交际文化与跨文化交际，非语言行为及其文化差异以及跨文化交际能力与多元文化时代的交际等。

他们的理论以介绍西方理论为主，但是注意结合中国实际和进行中外对比，内容全面丰富。

（二）跨文化交际学与第二语言教学的关系

1. 研究语言与文化关系的学科

当前，在我国第二语言教学界研究语言与文化之间的关系的有数个学科，包括文化语言学、国情（国俗）语义学、语用学、对比语言学、跨文化交际学等。这些学科都从不同角度研究语言与文化之间的关系。文化语言学研究语言与文化之间的对应关系和语言与文化之间的相互影响；国情语义学研究的是语言词语的文化背景意义；语用学研究的是语言的语境意义，即在具体情境中理解和使用语言；对比语言学主要对比中外语言的同异点，也涉及语言的文化含义对比；跨文化交际学则注重研究在跨文化交际中如何排除文化差异对跨文化交际（包括语言交际和非语言交际）的干扰，保证跨文化交际有效而又得体地进行。所有这些学科中，只有文化语言学是中国"土生土长"的学科，其他都是先后从国外引进的"舶来品"。

跨文化交际学与其他各学科之间的相似点是，都研究语言与文化之间的关系。对比语言学与跨文化交际学都注意对比（或比较），语用学与跨文化交际学都注意语言在具体语境中的运用。语用学中的"跨文化语用学"理论则更加接近跨文化交际学。然而，跨文化交际学不是语用学。语用学与跨文化交际学的主要区别有以下几点：

（1）只关心语言行为与注重全面交际行为和文化适应之别。语用学是专门研究语言的理解和使用的学问，重在语言行为的理解与运用；跨文化交际学则不仅研究语言交际，也研究非语言交际，还研究跨文化交际双方在交际过程中的相互适应和外来者对异文化环境的适应。可以说，跨文化交际学的核心是文化适应理论。

（2）重理论与重应用之别。语用学重在语言行为的理解，是研究语言意义的理论；而跨文化交际学是研究人们在跨文化交际过程中产生的问题和冲突以及如何解决这些问题和冲突的一门学问，研究的是具体语言交际行为、非语言交际行为和跨文化适应的有效性和得体性。

（3）重理论引进与重文化差异对比之别。语用学重在引进和研究国外理论及其对中国语言行为的指导作用，跨文化交际学则突出交际行为中的中外文化差异的对比和文化冲突的排除。

（4）语用学属语言学范围，即使跨文化语用学也未超出这一范围，而跨文化交际学则是由多学科结合而形成的综合学科，融入了人类学、传播学、心理学、社会学、哲学、文化学、语言学等多学科的相关理论，大幅超越了语言学范围。

上述几个学科都在第二语言教学中发挥着重要的作用。各个学科都在发展和变化，都在不断地吸收其他学科的长处，都在不断充实和丰富自己。各学科之间的相似点不断扩大，相互重叠之处也越来越多。这种互相学习和共同发展的正确趋势必然会大幅促进我国语言与文化之间关系研究工作的健康成长。跨文化交际学就应当博采众长，不断丰富自己，充实自己，只有这样才能保持跨文化交际学的持续发展，创立起适合中国国情的跨文化交际学，并与其他各学科携手并进。

跨文化交际学在第二语言教学中有其独特的重要作用。这一作用关系到第二语言教学的目标、教学内容和教学方法等一系列问题。

2. 跨文化交际学与第二语言教学的关系

跨文化交际学与第二语言教学之间的关系主要体现在以下三个方面：

（1）第二语言教学的主要目标是培养学生的跨文化交际能力。具体如下：

①第二语言教学的任务是架设跨文化交际的"桥梁"。成人第二语言学习者不论将来在什么地方，做什么工作，其目的都是在跨文化交际中起到沟通交际双方的"桥梁"作用，也永远只能发挥这种桥梁作用。第二语言教师的任务是"架桥"，即将学生培养成沟通跨文化交际的"桥梁"。第二语言专业的师生所从事的专业或职业，也决定了他们不仅可以而且必须起到不同语言和不同文化之间的"桥梁"（Bridge）或"媒介人"（Mediator）的作用。他们应当努力为这一作用创造条件，尽力精通本国和外国语言，尽量熟悉本国和外国文化以及两者之间的异同，尤其是不同点，在第二语言教学和学习中学会中外语言规则和交际规则的转化技能，也包括思维方式的转化和价值观念的文化适应能力。

②跨文化交际能力不同于人们一般认为的"交际能力"。语言能力，即乔姆斯基（Chomsky）的"Competence"，指的是语音、词汇、语法等语言知识，现在人们加入了听、说、读、写、译等语言技能，没有涉及交际的能力。交际能力，即海姆斯（Hymes）的"Communicative Competence"，指的是在不同语境中正确而又得体地运用语言进行交际的能力，涉及的只是相同文化语境中的交际能力。这两种能力都不能满足跨文化交际的要求，因此不能将其作为第二语言教学的目标。只有培养学生

的跨文化交际能力才是第二语言教学的主要目标。跨文化交际能力指的是跨文化交际环境中的交际能力，即来自不同文化背景的人之间进行交际时具有强烈的跨文化意识、善于识别文化差异和排除文化干扰，并且成功地进行交际的能力。

③跨文化交际能力是由语言交际能力、非语言交际能力、语言规则和交际规则的转化能力以及跨文化适应能力组成的综合能力。

首先，语言交际能力（Verbal Communication Competence），不仅指必须掌握的语音、词汇和语法知识，还包括对语言的概念意义和文化内涵意义的了解与运用能力；不仅指语言的正确性，还指在具体语境（什么人、什么时间、在什么地方、对什么人、说什么、如何说，以及为什么这么说。即英语的"5Ws+1H"）中运用语言进行交际的有效性和得体性。语言交际能力是跨文化交际能力的核心和基础。

其次，非语言交际能力（Nonverbal Communication Competence）指的是善于运用非语言交际行为和方式进行交际的能力。非语言交际是语言交际行为以外的一切交际行为和交际方式，是一种不用言辞的交际。非语言交际包括体态语（Body Language）、副语言（Paralanguage）、客体语（Object Language）和环境语（Environmental Language）。非语言交际对语言交际起到配合和补充作用，它既是交际行为一个不可或缺的部分，也是第二语言教学不可忽视的重要方面。

再次，对于语言规则和交际规则的转化能力（Competence of Transformation of Two Rules），语言规则（Linguistic Rules）指的是包括语音、词汇和语法的规则体系，而交际规则（Communicative Rules）则指人们相互交际的行为（包括语言行为和非语言行为）准则。在跨文化交际中，交际规则最根本的特点是规范跨文化语境中的交际行为和交际方式，处理的是跨越文化的交际中正确而又得体地应对风俗习惯、行为规范、交际准则、思维方式、价值观念等诸多方面的文化差异的干扰和文化冲突问题，指导的是在跨文化语境中交际准则的转化和交际行为的相互适应行为。在跨文化交际中，不仅要进行语言规则的转化，还要进行交际规则的必要转化。这是因为交际规则具有文化特性，在跨文化交际中照搬母语文化的交际规则就会造成文化误解，甚至文化冲突，最终导致跨文化交际的失败。

最后，跨文化适应能力（Competence of Cultural Adaptation）。跨文化适应能力指的是跨文化交际双方相互之间的交际适应能力和对异文化环境的适应能力。

（2）第二语言教学的关键是帮助学生不断增强跨文化意识。"跨文化意识"既不等同于"理解"（Understanding），更不等同于"知识"

（Knowledge）。"跨文化意识"（Cross-cultural Awareness），也称"文化意识"（Cultural Awareness），指的是在跨文化交际中，对不同文化之间的差异和冲突具有感觉的敏锐性（善于发现矛盾和问题）、理解的科学性（理智的分析和科学的判断）和处理的自觉性（主动积极地排除文化差异和文化冲突的干扰，有效和得体地排除文化误解）。

①获取跨文化意识包括几个阻力。第一，文化"冰山"对认知造成的困难。文化就像一座"冰山"（Iceberg），人们比较容易发现和识别浮在"水面"上的语言、生活方式、交际行为等表面现象。但是，却难以发现和识别隐藏在"水下"的交际规则、思维方式、交际动机与态度以及价值观念。然而，正是这些"水下"因素决定着外显的语言、行为举止和交际行为。不了解或者认不清隐藏的那些因素，是难以认识和判别人们的交际行为的。第二，获取跨文化意识的根本阻力来自"三大敌人"的严重心理干扰。对获取跨文化意识最大的干扰是"文化优越感"或称"文化中心主义"（Ethnocentrism）、文化模式化（Stereotype）和文化/民族偏见（Prejudice）这"三大敌人"。

②跨文化意识有四个层次。第一，旅游者的心态。对新文化有一种新奇感，但其特点是从本文化的角度观察新文化，看到的往往是表面而又孤立的现象，而且易将这些现象模式化，看成是新文化的特征和本质。第二，文化休克。由于对新文化不适应而产生一种无所适从、惶恐不安和抵触心理，容易感情用事，与新文化的人容易发生矛盾和冲突。第三，理性分析和愿意适应新环境。开始产生了解和适应新文化的愿望，并试图逐渐适应新文化。第四，主动了解新环境，自觉适应新环境。

（3）跨文化交际与第二语言教学研究的重要方法是对比分析。强调实证研究（Empirical Study）是人们对科学研究方法的共识，国内常用的方法是定量分析（Quantitative Analysis）和定性分析（Qualitative Analysis）。这些方法都适用于跨文化交际和第二语言教学研究。但是，只有对比分析的方法才是跨文化交际学的根本研究方法，对比分析方法也是第二语言教学和第二语言教学研究的最重要的方法。

跨文化交际研究使用的对比分析方法指的是，对不同文化之间的交际行为和决定这些交际行为的交际规则、思维方式与价值观念进行对比分析，从中揭示出文化的异同点，重点是文化差异及其造成的文化误解和文化冲突，并且追索其文化渊源，研究和提出排除文化差异干扰的有效方法，以促进交际双方的相互理解和彼此适应，保证跨文化交际的有效进行。

之所以说对比分析是跨文化交际研究的根本方法，这是因为两点：

①对比分析法的使用是由跨文化交际的"跨文化"性质所决定的。

"跨文化"性质决定了学习和研究跨文化交际必须注重研究文化差异对跨文化交际的干扰，而要清楚认识文化差异并排除其对跨文化交际的干扰，就必须采用对比分析的方法，因为有比较才能有鉴别。"跨文化"性质决定了必须从跨文化交际者的视角观察问题，着眼于解决他们在跨文化交际中所遇到的文化冲突。对他们的看法和困难的了解才是对比分析的依据和基础。

②对比分析方法的种种担心缺乏可信的依据。对比分析方法自诞生之日起，学术界就一直存在着争论，但是这一方法也一直在国内外被普遍使用，而且发展势头越来越强劲。所以，人们需要对这一争论有足够的了解和清醒的认识。

二、跨文化非语言交际研究与对外汉语教学

（一）非语言交际与跨文化非语言交际的概念

1. 非语言交际

人类交际有两种渠道：语言的和非语言的。非语言交际指的是语言行为以外的所有交际行为和交际方式。

非语言交际在交际中的作用是不可忽视的。美国有研究发现，在表达感情和态度时，语言只占交际行为的7%，而声调和面部表情所传递的信息多达93%。对于这项调查和统计数字，人们的信任程度有多大并不重要，但有一点是确信无疑的：人类交际是语言交际和非语言交际的结合，或者说，非语言交际是整个交际中不可缺少的组成部分。中国人常讲的"仪态、举止、谈吐"，前两者都属于非语言范畴。在交际中，一个人的仪态和举止所提供的信息量往往超过其谈吐所提供的信息量。何况，在谈吐中也还会含有大量属于非语言行为的副语言信号，如非语义声音、停顿、沉默、大笑或微笑、面部表情、手势和交谈中的话题转换等。陈原先生指出，人类进行交际活动最重要的交际工具当然是语言，但是交际工具绝不只是语言，还依靠许多非语言的符号。实际上，社会交际经常混合语言与非语言这两种工具。❶当然，对非语言交际行为在交际中的作用及其与语言行为之间的关系应该有一个全面正确的认识。一方面，要看到在交际中，脱离非语言行为配合的、孤立的语言行为往往难以达到有效的交际目的；另一方面，也要认识到非语言行为只有在一定的语境中才能表达明确的含

---

❶ 陈原. 社会语言学 [M]. 上海：学林出版社，1983.

义，而且一种非语言行为只有与语言行为或其他非语言行为相配合，才能提供明确的信息。因此，脱离语言行为或其他非语言行为，孤立地理解或研究某一非语言行为的含义常常是难以奏效的。

从跨文化交际和第二语言教学角度，借鉴西方学者比较统一的认识，可以将非语言交际粗略地分成四大类进行中外对比研究：

（1）体态语（Body Language）。包括姿态（姿势和体势）、基本礼节动作（如握手、接吻、拥抱、微笑、女士优先的礼节动作等）以及人体各部分动作（如头部动作、面部动作、目光交流、臂部动作、手部动作、腿部动作等）所提供的交际信息。

（2）副语言（Paralanguage），也称类语言和伴随语言。包括沉默、话轮转换和各种非语言声音。

（3）客体语（Object Language）。包括皮肤的修饰、身体气味的掩饰、衣着和化妆、个人用品的交际作用、家具和车辆所提供的交际信息。

（4）环境语（Environmental Language）。包括空间信息（如拥挤、近体距离、领地观念、空间取向、座位安排等）、时间信息、建筑设计与室内装修、声音、灯光、颜色、标识等。

前两类属于"非语言行为"，后两类则属于"非语言手段"。

2. 跨文化非语言交际

绝大多数非语言交际行为都是后天习得和代代相传的，都是长期历史和文化积淀形成的某一社会的共同习惯。文化与非语言交际密不可分，绝大部分非语言行为和非语言手段都是文化习得的结果，人们非语言行为的形成和效果都由一定的文化环境所决定。通过了解某一文化的非语言表现的基本模式，可以清楚认识人们举止态度所传递的信息，通过非语言行为模式可以了解一种文化的行为准则、思维方式和价值观念。跨文化非语言交际研究的不是天生的本能行为，也不是专业人员的特殊非语言信号，而是后天习得的通用交际信号；跨文化非语言交际研究的不是同一文化中的非语言交际行为和非语言交际方式，而是不同文化之间非语言交际行为和方式的异同点，重点是文化差异。在跨文化交际中，研究非语言交际与文化之间的关系最为现实的意义是排除跨文化非语言交际的文化误解和文化冲突。人们对本文化的非语言行为和手段往往没有感觉，对别种文化的非语言行为和手段却极为敏感，而且容易发生理解偏差，甚至文化冲突。值得注意的是，语言越流利，发生的错误或不得体的非语言信息所引起的文化误解或文化冲突就越严重。因为非语言行为常常是情感或情绪的表露，有的是下意识的或不可控制的情感或情绪的表露，因此可信度比语言行为还要高。

　　许多人认为，在跨文化交际中，要掌握的交际工具只是外语，因此十分注意语言交际行为的正确性、合适性和可接受性，却易忽略非语言交际行为和手段的文化差异及其影响。结果，在跨文化交际中文化误解和文化冲突频频发生。其实，在跨文化交际中，非语言交际行为和手段所起的作用不可忽视，因为它们在语言交际发生障碍或者需要强调时可以起到代替、维持、强调，甚至挽救交际的作用。非语言交际不仅贯穿于整个交际过程之中，而且最能反映一个人的真实态度、心理活动和价值观念。

　　（二）跨文化非语言交际与第二语言教学的关系

　　既然第二语言教学的主要目标是培养学生的跨文化交际能力，而且这一能力一般是语言交际能力和非语言交际能力的结合，那么第二语言教学就不仅要教授语言，还应进行非语言交际教学。否则，这种教学只能是不完全的第二语言教学，学生学到的也只能是不完全的交际能力。在我国对外交往中出现的两种倾向需要第二语言教师注意：一是外语呱呱叫，表情和动作不对号；二是盲目模仿外国人的非语言交际行为和手段，犯了"邯郸学步"的错误。

　　第二语言教学中的跨文化非语言交际教学包括以下三个方面。

　　1.跨文化非语言交际教学需要达到的目标

　　①主要要求学生全面准确地理解所学外语文化的非语言交际行为和手段所传递的信息。②避免自己的非语言交际行为和手段在跨文化交际中产生文化误解和文化冲突，但也不必要求学生的行为举止洋化。

　　第二语言教师最需要关注的两点：①语言交际中非语言交际行为与手段配合和补充作用的文化差异，排除对交际信息的文化误解。②了解和熟悉来自不同文化的学生在课堂内外非语言交际行为的文化差异，排除非语言交际行为的文化误解和文化冲突。

　　2.跨文化非语言交际教学的内容

　　（1）将跨文化非语言交际教学纳入语言教学的课堂。第二语言教师应将跨文化非语言交际教学视为语言教学的有机组成部分，一要介绍和讲解第二文化的非语言交际行为与手段的表现、含义、功能及其与学生母语文化非语言交际行为和手段的差异和冲突，帮助学生学会正确、适当地处理文化差异和文化冲突的方法；二要注意语言教学内容中涉及的语言交际和非语言交际之间的关系及非语言交际的作用，帮助学生学会语言交际行为与非语言交际行为正确而又得体的配合。

　　（2）介绍与讲解非语言交际行为在语言中的体现。在此仅以体态语为例。①体态的描摹。描摹指的是用语言文字表现人体各部位的形象和动作。中国文化是一种具象思维或直观思维的文化，注意用对具体形象，如用身体的姿势和动作的描摹来喻指某种意义。②体态语义的引申。体态语义的引申是由体态语产生的新义。体态语义引申不同于体态的间接描摹，即不再用体态的形象表示抽象意义，而是在产生出最初的体态语意义之后，"接受词义发展规律的支配，按照本民族的文化传统和心理习惯产生出的新的意义"。③由体态语义引申出的成语典故。成语是人们长期以来习用的、简洁而又精辟的定型词组或短句。汉语的成语大多由四个字组成，一般都有出处。有些成语从字面上就能理解其义，有些成语则必须知道来源或典故才能懂得意思，而典故则是出自古书中的故事或词句。与人全身各部位及其动作有关的汉语成语不胜枚举。对这类词语含义的理解往往是第二语言学习者的难点之一，其难处在于对成语典故的寓意与来源不甚了解。如果讲清来源和故事，第二语言学习者就不仅可以清楚了解其含义，还会从中学到不少文化和历史知识，学习者肯定会兴致勃勃地去学习，印象也会十分深刻。

3. 跨文化非语言交际的教学方法

非语言交际如何教学在我国还是一个新课题，需要在提高认识的基础上进行相当长时间的探索。下面几点希望能起到一点参考作用：

（1）将课文中涉及的非语言行为和手段列入生词、注释、例句和练习之中。

（2）充分利用电教手段（如电影、电视、录像）帮助学生在学习外语的同时，注意观察目的语文化的非语言交际行为和手段。

（3）在教授两种规则的转化过程中，注意讲解非语言交际规则的转化。

（4）组织专题讲座，专门进行有关目的语文化非语言交际知识教育。

（5）引导学生有意识地从课外收集非语言交际的语料，进行对比分析讨论。

（6）有条件的学校可以开设跨文化非语言交际课程，系统地进行跨文化非语言交际教育。

（7）将非语言交际教学列入第二语言教学课程的关键，在于不断提高第二语言教师的跨文化意识，他们必须熟悉所教学生母语文化的非语言行为表现与交际规则，认真研究第二语言国家的非语言交际行为特点和规则，并善于对比学生母语文化与第二文化之间非语言交际行为和手段的文化差异，教育学生学会排除非语言交际行为中文化差异干扰的方法。

（三）文化差异与师生关系

所谓校园非语言交际规则，主要指教师的仪态举止、教师课堂上的非语言交际行为、课外师生之间非语言交际关系等方面所遵循的规则。简言之，校园跨文化非语言交际主要研究的是第二语言教学师生之间的关系。

第二语言教师不仅需要清楚了解第二语言文化的非语言交际规则，还要了解教学对象母语文化的非语言交际规则，既做到严格要求自己，避免文化冲突，又能有目的地向教学对象介绍第二文化的非语言交际行为习惯和规则，帮助他们排除跨文化非语言交际的困难，培养全面的跨文化交际能力。

三、跨文化适应与对外汉语教学

跨文化适应包括"文化休克"和"文化适应"。"文化休克"和"文化适应"对于许多人来说，还是陌生的，至于"文化适应"与第二语言教学之间的关系，似乎更是鲜为人知。然而，第二语言教学，特别是在目的语国家进行的外语教学，离不开对"文化休克"与"文化适应"问题的处理。

（一）文化休克与文化适应概念

1. 文化休克

"文化休克"是英语"Culture Shock"的汉译，也有人将其译为"文化冲击"或"文化震荡"，但是通用的译法是"文化休克"。

"Culture Shock"在西方已成为家喻户晓的常用词。其含义有广义与狭义之分。从广义上看，文化休克与文化冲突（Cultural Conflict）几乎可以成为通用的同义词，指身居异文化环境中的人与居住国家人们之间的各种文化冲突。人们一般从狭义上去理解该词，指的是初居异国他乡的人，由于脱离了自己土生土长的母语文化，突然置身于完全陌生的文化环境中所产生的心理困惑和文化冲突。所以，文化休克是一种心理病态，指的是初处异文化环境中的人，对陌生环境产生的一种不知所措（Uncertainty）和惶恐不安（Anxiety）的感觉，以及由此产生的抗拒新文化和留恋旧文化的病态心理（Defense Mechanism）。语言不通和交际困难更加剧了这一心理病态，甚至还会招致生理病态的出现。所以，不知所措、惶恐不安和对新文化的抗拒是文化休克的典型表现。

"不知所措"是初居异国他乡的人首先产生的普遍心理，新来者发现饮食起居和人际交往都遇到了困难，这时会感到一片茫然，行动失去了方向和准绳。由于语言不通，人地生疏，一切都无所适从。与当地人交际中，经常发现自己以为是对的事情原来却是错误的；对人采取的友好举动却被人视为不友好的表现；严肃认真的话语可能被当成玩笑，或者一句善意的玩笑话可能被当地人误解为恶意伤人的语言。新来者不知道如何与人交谈，如何礼貌接触，如何待客、做客，如何购物，甚至连问候和寒暄都难以把握。好像一切熟悉的行为准则和交际礼节都已失效，自己完全被隔离于当地社会和人群之外。衣、食、住、行、学习、工作和交往都处于茫然不知所措的状态。

"惶惑不安"是由不知所措和身心不适应所导致的心理不安、失望和恐惧之感，是一种由于对陌生文化的惧怕和反感而产生的失望和厌烦心理，表现为心情压抑、性情孤僻，将新环境看成一无是处，认为周围的人对自己都不友善。自己的遭遇和"不幸"似乎也被人忽视。好像失去了所有人的关心和同情，深深感到孤独无援，就像鱼儿离开了水一样难以支撑下去。

"抗拒心理"指的是在遭遇文化休克危机时采取的一种无意识的自我保护心理与行动，而且往往难以自控。抗拒心理也受文化优越感左右。这种心理有三种表现，第一种表现是认为与本文化不同的一切人和物都是不好的，将文化差异视为对自己安全和生存的威胁，一概采取厌恶和拒绝的态度，将文化适应中的困难看成是新文化的问题，对新的文化采取格格不入的态度；第二种表现是千方百计地将自己与新文化环境隔离，竭力寻求母语文化的支持和庇护；第三种表现是精神紧张，敏感多疑，甚至还会出现严重病态反应，个别人还可能采取过激行动。

文化休克的根源有三点，分别是失去了熟悉的行为习性、人际交往失灵、文化身份发生危机。

2. 文化适应的定义

"跨文化适应"是英语"Cross-cultural Adjustment/Adaptation"的汉译，一般将其译为"文化适应"。"跨文化适应"是一个对新文化环境适应的过程，指的是侨居一个新文化环境的人，不断克服文化休克的负面影响，从交际行为、生活习惯到思维方式与价值观念，甚至文化身份，做出相应的调整或改变，最终达到适应新的文化环境和学会在新文化环境中进行有效交际的能力。

跨文化适应可以分为以下几类：

（1）短期旅居者的文化适应。指因学习或工作而暂时旅居另一文化的人对新文化环境的适应。他们的居留时间短则数月，长则两三年。从文化休克到文化适应的过渡一般体现在第一、第二年。

（2）长期文化适应。指长期侨居异国和移民国外者的文化适应。这种文化适应表现为永久移民在新文化环境中，基本克服了短期文化适应过程中文化休克的阻碍，已经基本安定下来。在语言、生活、工作和交际等方面都已不存在大的困难，但是他们仍然难以融入当地居民群体和文化之中。他们对当地语言的深层内涵和风格仍不得要领，对人们的生活方式和情趣仍难以认同，甚至感到自己已成为既未被新文化接受又不再为母文化认同的"边缘人物"（Marginal Person）。许多人身居一种新文化数十年，甚至一辈子，却仍然摆脱不了这种没有文化归属的困境。所以，移民要实现长期文化适应，只有跨越了长期"文化适应门槛"，实现了文化身份的完全改变，才能基本达成。

（3）在本文化大环境之中对异文化小环境的适应。如中国人在中国国内对外企、合资企业和驻华外国机构中工作环境和人际关系的适应。

（4）对本国一些特殊的多元文化环境的适应。如北京普通市民对国际大都市多元文化环境的适应。

（5）重归文化适应（Re-entry Cultural Adjustment）。这是一个尚未引起国人注意却已越来越突出的问题，即留学或侨居他国数年甚至多年后回归祖国的人，在相当长一段时间内感到自己与祖国文化产生了距离感，对国内生活、工作和人际交往难以适应。其实，这正是"重归文化休克"的典型反应。

3. 文化适应的过程

文化适应需要通过一个艰难克服文化休克，逐步在语言、生活、交际和思维等方面由本文化转向目的文化的过程，文化适应过程也是价值观念和文化身份调整或改变的过程。文化适应成果的大小、时间的快慢，不仅取决于两种文化之间差异的大小，更重要的是本人的态度和适应能力。

文化适应过程是分阶段的。西方学者从不同的角度进行了富有成效的研究，相关论述颇丰。有人将这一过程分为三个阶段，也有人分为四个阶段，还有人分为五个阶段。划分阶段的依据和角度也不尽相同。

每个阶段都有其典型的表现：

（1）蜜月阶段。刚到一种新的文化环境，许多人对一切新的东西都感到新奇，情绪兴奋，他们为能来到这一新文化环境而感到兴奋不已。

（2）文化休克。有人感到一下子为许多问题所困扰：食宿、交通、购物、语言等都遇到了问题。特别是语言困难造成了严重的心理危机。

（3）初步适应阶段。日常生活困难基本克服。语言虽还不流利，但尚能使用第二语言表达基本意思和感觉。

（4）孤独阶段。已离开家乡故土良久，开始感觉孤独无助。感到自己还不能像使用母语一样自如地运用第二语言，进而开始慢慢感到心情沮丧、失去信心。有些人总难跳出这一阶段。

（5）结合阶段。工作、生活和学习都已走上正轨，对新文化的生活、习惯、风俗、饮食和人们的文化特征已经适应或接受，与朋友和同事之间相处也比较自然，语言也已习惯。

（二）文化适应与第二语言教学之间的关系

第二语言教学在此指在外语国家的外语教学，国内的对外汉语教学就属这一类型。这种教学最根本的特点是，学生的第二语言习得过程永远与文化适应过程相伴。所以，要清楚认识第二语言教学的性质和特点，就需要深入研究和清楚了解第二语言习得过程与文化适应过程之间的同步发展关系（Synchronized Development），探索出行之有效的第二语言教学途径。

1. 研究必要性

文化休克是在第二文化中第二语言学习者所普遍遇到的大问题。这是因为语言作为每种文化中人们相互交往的最重要的工具，是文化的载体。这也因为陌生的第二语言成为第二语言学习者在陌生的第二文化环境中赖以生存和与人交往的主要手段。第二语言学习者语言习得的困难与其所遭遇到的文化休克之间是相互作用的密不可分的关系：文化休克削弱了第二语言学习的积极性；第二语言学习的困难反过来又加剧了文化休克。所以，文化适应的过程也就是在第二文化中初学第二语言者艰难的第二语言习得过程。

第二语言教师需要认真研究文化休克与文化适应，但是第二语言教师是从语言教学角度，或者说是从外国留学生学习汉语的角度和过程研究文化休克和文化适应的；第二语言教师研究的内容是学生第二语言习得过程与其文化适应过程之间的关系。

2. 文化适应过程与第二语言习得过程的关系

文化适应与第二语言教学之间的关系主要表现为文化适应过程与第二语言习得过程之间的同步发展关系。"文化适应"在此指的是布朗（Brown）、阿克顿（Acton）和费利克斯（Felix）所使用的概念"Acculturation"，即逐步适应外语文化但不必放弃母语身份（Native Language Identity），也就是在第二文化中学习第二语言期间所需要的短期文化适应。

关于文化休克和文化适应问题，西方许多学者都是从在第二文化中学习第二语言的角度进行研究的。例如，有些学者就分别从语言学习与文化适应（Acculturation）、认知的变化过程（Cognitive Development）、感情态度与文化适应过程（Affection and Acculturation）以及语言身份与角色的转变过程（Personality and Role Development）等方面研究在第二文化中学习第二语言的过程。

（1）第二语言习得的心理适应过程。阿克顿和费利克斯总结了有关在第二文化中学习第二语言的一些理论，从语言习得与对第二文化的心理适应过程之间关系的角度将文化适应过程分为四个阶段：

①旅游者心理阶段（Tourist）。初到第二文化环境的第二语言学习者对新的文化感到一点也不能接受，这一阶段在一定程度上涉及文化休克问题，所讲的语言只能算是词语拼凑，学习者基本上还是按母语的思维表达意思。

②生存需求阶段（Survivor）。这一阶段所学的是常用语言和适用的文化知识。只有通过了这一阶段，才能学到优雅的语言能力，然而许多人难以通过这一关，只能停留在第二阶段。

③移民心理阶段（Immigrant）。有文化的人通过较长时间的国外工作和生活有望达到这一阶段，不过绝大多数人难以越过这一阶段。

④公民心理阶段（Citizen）。到这一阶段就可达到第二文化的公民的语言水平，只会偶尔遇到一些语言和文化上的细微困难，其发音和体态语有望接近于侨居地本土居民。

后两个阶段已经超出了短期文化适应的要求。但达到移民和当地公民的水平不是短期适应可以奢望的目标。

（2）第二语言习得的认知变化过程。从语言技能提高过程的角度将文化适应过程分为与阿克顿等关于阶段划分类似的五个水平：

①初级阶段。新的语言学习者基本上完全依靠环境的提示（Situational Slues），使用的是第一语言的词语与表达方法。这一阶段相当于阿克顿和费利克斯理论中的第一阶段。

②提高阶段。第二语言学习者能听懂日常对话并且可以按语法规则组织语言，但一般只限于实用性交流（Functional Kinds of Tasks and Interactions）。这一阶段等同于阿克顿和费利克斯的第二阶段。

③合格的交际者，等同于阿克顿和费利克斯的第三阶段。到达这一阶段的学习者已学会基本语法和对话，可以运用新的语言思维，很少出现严重的语言错误。

④语言运用熟练阶段，等同于阿克顿和费利克斯的第四阶段。到达这一阶段的学习者尽管还要依赖语法规则，但已有较好的语感，能够根据具体需求有效地选用不同的语言表达方式，进行遣词造句。

⑤专业水平阶段。语言已经达到专业水平，能够运用第二语言撰写诗歌。这一阶段是阿克顿和费利克斯理论中没有的。

这五个阶段中，第一、第二阶段基本上是依赖母语交际，运用母语思维方式组织第二语言词语或者干脆是母语的硬译。通过一段时间实践，第二语言学习者思维方式逐步转为第二语言方式。从第二阶段向第三阶段过渡时，中间存在一个"文化适应门槛"（Acculturation Threshold）。新来者只要跨越了"文化适应门槛"，语言就会有一个质的飞跃，开始摆脱母语束缚和负迁移，逐步学习地道的第二语言。

（3）第二语言习得者的感情态度转变过程。许多学者强调，要学好第二语言，对第二语言的感情和态度至关重要。除了理解能力和学习天赋外，具备与目的语文化的人交往和结合的愿望可以促进第二语言习得。这些学者将第二语言学习者愿意和第二文化的人相处并逐步培养第二文化习惯的这种愿望称为"结合意愿"（Integrative Orientation）。有人甚至认为，第二语言学习者还必须具有强烈的吸收第二文化的要求，否则是难以学好第二语言的。西方有些学者认为，只把语言当成某种需要的工具进行学习是不够的，只有具有强烈的结合意愿的人才能通过第三阶段并进入第四阶段。

（4）第二语言习得与个性、角色的变化。"个性"在此指第二语言学习者的行为、态度、信仰、思想、动作和情感。西方学者认为，人的个性因素，如自尊、压抑、焦虑、冒险和外向，会影响第二语言的学习，因为这些因素能够影响第二语言学习者的学习动机和策略的选择。"角色变化"在此指第二语言身份的培养过程。

吉奥拉（Guiora）提出了"语言自我感"（Language Ego）的概念。所谓"语言自我感"，指的是在第二语言学习中，人们对于自身的人格、特性及价值方面的看法与他们母语的某些方面有关。一个人的自我感是在学习母语的过程中形成的。母语的某些方面，尤其是发音，会与自我感联系紧密，这种紧密关系会影响对第二语言的学习。吉奥拉将第二语言身份（Second Language Identity）看成是第二语言学习者获得的"另一人格"（Another Personality）。

综上所述，这些学者从不同的研究角度得出了一些大同小异的结论：第一，在第二文化中学习第二语言会遇到文化休克的干扰；第二，克服文化休克需要一个适应过程，这一过程存在明显的不同阶段，伴随文化适应过程，语言学习也有一个从母语向目的语转化的过程，这一过程与文化适应过程不仅密不可分，而且同步发展，在整个过程中二者都会相互影响，互相作用；第三，文化适应过程中需要越过一个"文化适应门槛"才能摆脱母语文化的羁绊，达到适应新文化的目的，第二语言习得也需要跨越这一文化适应门槛，由用母语交际的习惯转变为适应第二语言要求的运用习惯；第四，文化适应和第二语言习得成败的关键都在于学习者对第二文化和第二语言的态度，即是否有强烈的学习第二文化和第二语言的意愿，是否对第二文化和第二语言持正面的态度。

（三）习得的"关键期"

认真研究在第二文化中学习第二语言的"文化关键期"，一要认真研究相关的理论，包括语言自我感（Language Ego）、第二语言学习的语境（2LL Context）、社会距离和感知社会距离（Social Distance and Perceived Social Distance）以及在这些理论的基础上兰伯特（Lambert）提出的"文化失落感"（Anomie）和布朗提出的文化"关键期"（a Cultural "Critical Period"）理论；二要认真进行调查研究，提出符合实际的理论。下面重点评介这些相关理论。

1. 第二语言学习的语境及社会距离、感知社会距离的关系

（1）关于第二语言学习的语境。第二语言学习的语境包括：

①在第二文化中学习第二语言。

②在本文化中学习第二语言以满足在本文化环境中某些职业领域的需要，如在教育部门、政府部门、商业场合的应用。在印度、菲律宾等国，这是对某些职业人士的硬性要求，但人们学到的是一种混合语（Lingua Franca），即母语与外语的结合，句子结构和词汇的简单学习。

③外语学习环境，即在本文化中学习外语。也就是外国人到中国来学习汉语的环境。这种学习环境使第二语言学习者遇到严重的文化适应问题。学习者必须完全依靠所学的第二语言进行交际，同时还必须学会在一种陌生的文化环境中生存。

（2）关于第二语言学习环境与社会距离之间的关系。社会距离虫舒曼（Schumann）提出，是第二语言学习中必须研究的问题。"社会距离"指的是两种文化在一个人身上接触时所产生的认知和感情的距离感。两种文化之间差别越大，社会距离就越大，学习的困难也就越大。由于存在这种社会距离，第二语言学习者会遇到不同的学习环境，这些学习环境都可分为对学习有利和不利两种：

①有利环境。有利环境的形成通常具备下列前提。第二语言学习群体受到第二文化的影响比反影响大时；第二语言学习者与第二文化人士都有同化的要求或至少第二语言学习者有适应新文化的愿望时；第二语言学习者与第二文化的人都不太在意文化圈子局限时；第二语言学习者与第二文化的人之间关系融洽时；第二语言学习群体小而且群体意识不太强时；两种文化的人相互都持积极态度时；第二语言学习者具有在第二文化中长期居留的愿望时。

②不利环境。对于不利环境，舒曼认为有两类：第一类不利环境包括第二文化的人和第二语言学习者都认为第二语言学习群体居主导地位；两个文化群体的人都有维持第二语言学习群体与第二文化社会严格隔离的愿望；第二语言学习群体庞大而又结合紧密；两种文化之间不能融合一致；两种文化群体都对对方持负面态度；第二语言学习群体不愿长期居留在第

二文化之中。第二类不利的环境是第二语言学习群体认为本群体被两种文化置于从属地位。

（3）关于第二语言学习与感知社会距离。阿克顿提出的感知社会距离有别于舒曼的实际社会距离。这一理论中有两个观点值得注意和研究：

首先，人类用通过自己的世界观"过滤"和"折射"的方法去认识文化环境，然后按照这一认识去行动。按照阿克顿的看法，第二语言学习者接触到新文化后，其文化适应的过程会使其从第一、第二文化之间关系的角度去认识母语文化和目的语文化。这一理论注意到母语语言与文化对第二语言学习会起到负迁移的作用。我国学者张占一、王建勤将这一现象称为母语文化的"过滤"过程，也就是通过母语文化的过滤去消化目的语文化所提供的信息，其结果往往是将目的语文化所提供的信息通过母语文化的折射"变了形"，造成文化误解，甚至文化冲突，产生对新文化的适应过程和摆脱母语文化的负迁移过程之间的问题。只有通过语言与文化对比才能发现两种语言、文化之间的异同点，并恰当地处理语言与文化差异，避免用一种语言和文化的眼光观察和理解另一种语言和文化。

其次，阿克顿提出的最佳感知社会距离论（The Optimal Perceived Social Distance）将感知社会距离分为三种类型，分别是学习者与母语文化人群之间的距离，学习者与目的语文化人群之间的距离，母语文化与目的语文化人群之间的距离。在第二文化中学习第二语言期间有一个最佳感知社会距离的时机，学习者感觉自己与母语文化之间的距离感或与目的语文化之间的距离感过近或过远都会不利于学习，而有利于第二语言学习的最佳时机是与第一、第二文化都保持一定距离。这一时机正是文化适应过程中度过文化休克阶段后进入的初步适应阶段。

2. "文化失落感"与文化"关键期"理论

文化失落感指的是无所适从之感和不满心理。这种感觉对第二语言学习与对外国文化的态度之间的关系影响极大。人们在开始失去与母语文化之间的联系而去适应第二文化时就会产生这一感觉，惶恐、失落感与害怕进入新文化的心理交错在一起。这种失落感也许可以称为文化适应第三阶段的最初表现，这一感受的特点是无家可归或没有着落之感，既失去了与母语文化之间的紧密联系之感，又尚未完全适应新文化。兰伯特经过研究发现，这种失落感最强烈的时候是在开始"学会"外语之时。到了完全进入第三阶段以后，这种失落感才会逐渐减弱。因为这时第二语言学习者"已经度过了由一种文化过渡到另一种文化的最艰难的时期"。这里的"学会"（Master）实际上指的是学会日常生活必需语（Survival Language）。

　　阿克顿的最佳感知距离论支持兰伯特的看法，即外语能力的习得与文化失落感之间关系密不可分。这种感觉发生在外语学习者已经远离了自己的母语文化，但又未完全融入或适应目的语文化之时。更为重要的是，阿克顿的模式提出了一个至关重要的难题，让人们开始思考应如何理解文化休克以及文化适应与语言学习之间的关系。将阿克顿的研究与兰伯特的理论结合起来，就会提出一个非常有趣的假说：在第二文化中，第二语言能力的熟练掌握时塑大约是在文化适应的第三阶段之初。这一假说的含义是，学好语言的最佳时机也许不是第三阶段到来之前，但如果过了第三阶段之初语言仍未学好，以后也就再也无法学好第二语言了。第三阶段不仅提供了最佳距离，也出现了最佳认知和情感压力。这种压力对第二语言习得是必要的，既不像文化休克期间那样严重，也不像第四阶段那样轻微。在第三阶段语言的习得反过来又会在心理上将文化适应过程从第三阶段最终推进到第四阶段。

　　对比，布朗提出了文化"关键期"理论。根据布朗的假说，成年人在第二文化中不能同时学好第二语言和第二文化的原因也许多种多样。如果在第三阶段之前已经学会用不规范的语言行为代替规范的语言行为应对在第二文化中的要求，就会在通过第三阶段进入第四阶段时学到过多的僵化语言形式（Fossilized Forms of Language），以后就永远难以学好第二语言，因为他既已学会不用规范语言就可与人交际，就没必要学好第二语言了。他也许不必掌握正确的语法，只学一些实用的语言形式就足够了。反之，如果在第三阶段之前就过早地掌握了第二语言，就很可能无法达到正常的文化适应。因为尽管他的语言技能已经非常熟练，他却无法对付心理上的文化适应困难。根据这一分析，布朗提出，不分年龄差异，在第二文化中学习第二语言存在一个文化关键期。

　　布朗的文化关键期理论不仅与阿克顿的感知社会距离论、舒曼的社会距离论等理论有密切关系和共识之处，也与古迪昆斯特（Gudykunst）等学者的文化休克与文化适应论相呼应。

　　古迪昆斯特认为，在适应新文化的过程中，外来者如果无所适从和惶恐不安的感觉过强，就难以与居留国的人进行有效的交际。一方面，如果无所适从感太强，他们会难以准确理解居留国人们行为所传递的信息，更无法准确预测居留国人们行为的含义。另一方面，如果惶恐不安感太强，他们就会失去对交际的掌控，而用本文化的参照系去理解居住国人们的行为，导致对信息的加工过于简单化。但是，如果茫然之感太弱，又会过于自信，以为对居留国人们的行为理解不会有问题，而不考虑自己的判断是否准确；如果惶恐感太弱，又会缺乏与居留国人士交际的能力。所以，外来者要谨慎地掌控自己的无所适从和惶恐不安的心理。

古迪昆斯特的这一理论说明的观点是：如果心理压力过大，身处第二文化之中的第二语言学习者就会被吓退，失去了学习第二语言的信心；但如果一点压力也没有，第二语言学习者又会失去文化适应和第二语言学习的动力。这一理论说明必须克服文化休克才能实现文化适应。然而，有点文化休克不仅不是坏事，反而会成为完全适应的动力。有了必要的压力，就会产生认真去了解和学习新文化的行为准则和要求；有了必要的压力，就会脚踏实地地探求各种行之有效的适应途径。所以，文化适应的动力只能在下述情况下才会最为强烈：无所适从和惶恐不安的心理既不过重也不是一点也没有，因为无所适从和惶恐不安的心理过重会失去文化适应的信心，毫无无所适从和惶恐不安之感又会没有压力，缺乏文化适应的驱动力。古迪昆斯特等一些美国学者还纠正了对文化休克的消极态度。古迪昆斯特等认为，不应将文化休克只看成是文化适应的障碍，更应将其看成是文化适应学习的大好时机。其中也含有变压力为动力的意思。

无论是古迪昆斯特等人的文化适应论，还是布朗等人的第二语言习得的文化关键期论，谈的都是同一个道理：文化休克会给初居第二文化的人造成重大心理压力，这种心理压力既给文化适应造成了巨大困难，也是第二语言学习的重大障碍。因此，必须努力克服，步步实现文化适应。但是，又不可忽视事物的另一面：文化休克造成的困难又会成为文化适应的动力，可以驱使在第二文化中的第二语言学习者不失时机地去习得第二语言。正确认识和恰当把握文化休克、文化适应与第二语言习得之间既相互矛盾又相互作用的辩证关系，无论对文化适应还是第二语言习得都至关重要，值得第二语言师生严肃对待和深入研究。

关于文化"关键期"问题的研究，对来华留学生管理和对外汉语教学工作都具有现实意义。第一，这一关键期发生在第二语言学习者跨越短期"文化适应门槛"之时，学生面临着文化适应和语言学习双过关的关键时刻，做好这一阶段语言教学和跨文化适应导向教育，学生就会度过文化适应难关，进入基本正常的第二文化学习和文化适应时期，留管工作也就较为主动和顺利；第二，留学生此时已经度过了基础语法学习阶段，渴望扩大词汇量并学习与中国人交际的技能。如果抓住了这一文化关键期，就会稳定学生学习情绪，充分调动学生持续学习的积极性，推动对外汉语教学。

（四）培养学生跨文化语言交际能力的理论

跨文化交际学的核心是跨文化适应问题，包括跨文化交际中交际双方的相互适应和对异文化环境的适应。这两种文化适应都有赖于第二语言能力。所以，跨文化交际与第二语言教学之间的关系实质上是跨文化适应与第二语言教学之间的关系。第二语言教师关心的是，如何既用跨文化交际学理论为第二语言教学服务，又让第二语言教学为跨文化交际服务。二者之间关系的具体体现是，运用跨文化交际学理论进行第二语言教学和通过第二语言教学培养学生的跨文化交际能力。英国达勒姆（Durham）大学迈克尔·拜拉姆（Michael Byram）教授的Teaching and Assessing Intercultural Communicative Competence就是从外语教学角度阐述跨文化交际能力的培养方法的。他的有关跨文化交际能力的理论体现了实用性、可操作性和可检测性。我们下面的阐述会主要应用到这一理论。

1. 定位

当前面临的紧迫任务是从对外汉语教学和学习的角度进行跨文化交际研究，尤其是外国学生跨文化交际能力的培养与汉语学习之间关系的研究。国内从引进跨文化交际学理论到自己进行系统的跨文化交际学研究已有二十余年历史。但是，跨文化交际理论研究一直没有引起更多第二语言师生的重视，其主要原因在于跨文化交际学研究脱离了第二语言教学研究，跨文化交际教学进不了第二语言教学的课堂。应当尽快摆脱这种不正常的状态。第二语言教学中如何培养学生的跨文化交际能力就是一个亟待解决的大问题。

对于短期文化适应者第二语言学习的目标和学习的主要要求，人们都会不假思索地认为：教会第二语言学习者运用第二语言与使用第二语言的人进行交际，即培养学生的第二语言交际能力。但是，第二语言交际能力的定义是什么，应当如何培养，却是众说纷纭，莫衷一是。下面几点都是需要倍加注意的问题：学生所表达的语言信息需要在第二文化语境中或跨文化语境中得到理解；教学要以学生为中心，站在学生立场上去了解教学的需求和学生在学习中的困难；学习效果不只是看学生的语言信息交流能力，更应当关注他们对交际双方关系的沟通与适应的能力，也就是说，跨文化交际的成败更有赖于交际双方的跨文化交际愿望和克服文化障碍与相互适应的能力。例如，教师要帮助学生认识到，如果要学会跨文化交际，就必须了解和学会决定礼貌语言和交际行为的跨文化规则，就必须了解和学会处理思维方式和价值观念的文化差异和文化冲突，就必须了解和学会克服文化优越感和文化偏见的干扰，在跨文化交际中善于运用正确而又得体地处理文化差异和排除文化障碍的方法，达到相互理解和彼此适应的目的。所以，交际的跨文化语境、师生的换位思维和跨文化意识是第二语言师生在语言教学和语言习得中必须关注的问题。

2. 目标

许多人，包括不少学者，如范艾克（Van Ek）和一些第二语言教师都认为，第二语言学习应以第二语言国家人士的语言水平为标准，确定第二语言教学的理想目标。如认为学习英语的人的英语水平要以英语国家的人的英语能力为奋斗的终极目标，在学习过程中要全力模仿他们，争取讲出的英语与英语国家的人一样准确和地道。拜拉姆不同意这一观点，他的理由是：

（1）这一目标不仅不可能实现，还经常会导致第二语言学习的失败。因为持这种看法的人忽略了第二语言学习者与母语学习者的语言习得环境和条件的根本差异。

（2）即使这种模仿模式有成功的可能，习得的也只能是一种错误的能力。因为那将意味着第二语言学习者与自己的母语断裂，以放弃一种语言为代价去屈从于另一语言环境，求得操第二语言的人将其纳入他们的母语圈子；以与自己的母语文化分离为代价换取地道的第二文化的社会文化能力和第二文化的"社会文化身份"（Social and Cultural Identity）。

拜拉姆认为，第二语言教学比较理想的要求应当是培养学生的理解和处理两种文化之间关系的能力，使学生在运用第二语言与第二文化的人交际时，能够清楚认识和得体处理两种文化在信仰、行为和语言含义等方面的关系。

拜拉姆提出了"Intercultural Speaker"（文化过渡语使用者）的概念，认为第二语言教学的目标应当是培养学生的文化过渡能力。所谓"文化过渡语使用者"，指的是这样一种人：他既了解母语文化，又了解第二语言文化，并且能在两种文化相互交际中起到平等对待双方文化的"协调"（Mediation）作用。了解两种文化和跨文化交际双方的社会身份是发挥这种作用的决定因素。外交官、驻外新闻记者、访问教师和大部分留学生都属于这一类人。严格地说，出于适用目标的短期文化适应者所学的语言只是一种"混合语"（Lingua Franca），其特点是语音、词汇和语法不能完全摆脱母语的影响，而且词汇量较小，语法结构比较简单。拜拉姆认为这一目标既现实，也便于操作。国内的对外汉语教学就是这一类型。

拜拉姆否定以操第二语言的人的母语水平为目标的两个理由中，第一个理由是符合实际的。成人到国外学习外语的语言环境，显然与从儿时学说话时起就学母语的人的语言学习环境是不同的，效果也难以相同。他提出的第二个理由有点耸人听闻，而且缺乏依据。正确的看法应当是，要学生的第二语言达到第二语言母语国家的人的语言水平，超出了第二语言教学课程的能力范围。因为这种水平只能是移民长期文化适应的结果，即成为文化身份完全改变以后的一个标志。将其作为短期文化适应期间第二语言教学的目标既不现实，也会损害第二语言学习者的信心，还会误导第二语言学习的方法：只会盲目模仿外语国家的人的语言而忽略了语言差异和文化差异的比较，让学生难以找到学习外语的正确途径，也难以学到标准的语言。

拜拉姆的跨文化交际能力（ICC）概念不同于美国跨文化交际学者的概念。他是从第二语言教学的角度提出的。拜拉姆的"文化过渡语使用者"概念，培养的是外语学习者由母语向外语过渡的动态过程中的外语运用能力。这一能力的提高过程就是逐步接近以外语为母语的国家人士的口语水平的过程。

3. 能力的培养

（1）外语能力习得门槛。拜拉姆提出的"跨文化交际能力习得门槛"（A Threshold of Intercultural Communicative Competence）也称"外语能力习得门槛"（A Threshold in Foreign Language Competence）。后一名称是由Council of Europe团队提出的，范艾克将这一门槛视为达到外语国家的人的语言水平之前必经的一道关卡，至于这一"门槛"是什么，西方学者的认识并不一致。拜拉姆认为这一门槛实际上只是在一定语境中具备跨文化语言交际能力的一个可以达到的目标，而不是通向无法实现的目标（操第二语言的人的母语水平）过程中的一个阶段。拜拉姆的这一看法有两层含义：第一，外语能力习得包括态度（Attitude）、知识（Knowledge）和技能（Skills）三个方面，达到了这三方面的培养目标（文化过渡期语言水平）就算达到了跨文化语言交际能力培养的目标；第二，达不到这三方面的既定目标就不具备跨文化语言交际能力。

（2）跨文化语言交际能力的衡量标准。拜拉姆在第二语言教学中衡量学生的跨文化能力的三个标准的内容做了明确而又具体的界定：

①态度。拜拉姆用三个词概括态度所包含的内容：求知欲（Curiosity）、开放态度（Openness）和愿意或乐于放弃只相信自己的文化却不信任别的文化的态度（Willingness or Readiness）。人们在跨文化交际中常常会受到文化偏见和文化模式化的干扰，需要摆脱以自我为中心的态度，要从交际对方的角度观察问题和认识问题。拜拉姆提出的态度方面的具体要求是：

a. 愿意以平等的态度探索和实践与他人的交际。他们与旅游者的猎奇心理和商人的利益追求态度不同，愿意了解他人的日常生活。

b. 有兴趣了解别人对双方熟悉和不熟悉事物的看法和处理方法。

c. 愿意对本文化环境中文化行为体现出的价值意图提出质疑。主动了解别人对自己想当然的现象的看法，并将他们的评价与本文化的看法进行比较。

d. 乐于在异文化居留期间体验不同阶段的文化并适应与他人交际的环境，学会应对居留期间遇到的各种困难。

e. 乐于在与他人的语言交际和非语言交际中遵从对方的文化习俗和礼仪规则。留意采取那些别人认为合适的行为，认真考虑别人对旅居的外国人行为举止的要求。

②知识。了解并比较交际双方的文化以及群体与个体交际的一般过程。例如，可以通过比较，了解两种文化之间的异同点，比较的内容可以包括十点：

a. 了解双方国家的历史和当前关系，熟悉重大历史事件、人物和双方的不同理解、看法及其历史影响，了解当前政治经济状况。

b. 了解与不同文化的人之间进行有效交往的方法，了解两种文化之间通信、旅游、商业、文化、休闲方面的组织机构。

c. 了解不同文化群体之间误解的原因与过程，了解双方的交际习俗、非语言交际行为的差异和礼俗规范的不同。

d. 了解本国重大事件，这些事件与交际对方两国之间的关系以及交际对方的看法。

e. 了解交际对方国家的重大事件及交际双方的看法。

f. 了解国家领土面积的界定及交际对方的看法，了解国家与地区的情况、方言。

g. 了解交际双方国家的社会生活与制度。

h. 了解交际双方国家的社会特色及主要标志。

i. 了解影响日常生活的制度和观念及其对交际双方关系的影响。

j. 了解交际对方国家的社交过程。

③技能。技能指的是对另一文化的发现（Discover）和解读（Interpret）的能力。具体的能力要求为：

a. 能够识别文化优越感表现并解释其根源。

b. 能够识别交际中的误解和失误所在，并能给予文化差异解释。能辨别误解和失误的根源，并能运用交际双方文化的知识加以解释。

c. 能够调解对事物理解的文化冲突及交际双方的关系。能够向有关人士解释误解和失败的根源，帮助他们消除误解，克服冲突。

这些技能可以使第二语言学习者迅速了解新文化环境，准确应对交际对象文化中复杂多样的交际环境与交际行为。

除了态度、知识和技能三要素以外，拜拉姆还提出了另一个重要因素：文化评析意识（Critical Cultural Awareness）或政治教育（Political Education），指的是依据双方文化中明确的标准、观念和创作进行评价的能力。具体标准为：

首先，判别和解读双方文化中文字和具体事件的价值，能运用各种分析方法揭示其相关思想意识。

其次，能够用明确的评判方法评析文字表述和具体事件，了解本文化的观点和价值观念，如对人权、社会主义、自由等的看法，而且以此为依据进行评析。

最后，依据明确的标准进行和调节文化交往，运用自己的知识、技能和态度与交际对方在协商交流中提高可接受的程度。了解交际双方的潜在冲突并能用协商一致的标准给予解决，或者求同存异地加以处理。

（3）跨文化语言交际能力的测试。拜拉姆理论的另一大特点是将跨文化语言交际能力加以量化，进行测试，以检查第二语言教学的成绩，满足颁发学生职业资格证书的要求。拜拉姆认为，外语教学是一种社会现象，要注意语境的作用。要做好测试工作，需要注意两个重要问题，第一，测试的内容就是跨文化语言交际教学的内容，即"目标"（Objectives）；第二，测试的标准要由语境决定。语境包括教育制度、社会和地缘政治对教育的要求，突出表现为培养目标要满足社会职业资格的要求。测试的基本要求是能力的量化显现，即行为表现（Performance），可以看得见，摸得着，也可以用成绩衡量。拜拉姆主要采取的是用选择题、问答题和撰写文章等方法进行测试。测试内容就是教学的三方面内容：

①态度。对于"态度"所包括的五条标准的测试可用选择题回答态度的具体表现（Evidence）；对于"意愿"的检测可以用选择题，还可以让学生说明选择的理由；"兴趣"的选择不是内心意愿的选择，而是外在行动的解释。例如，怎样才能更加适合对方的看法，以及了解外语文化的人对学习者文化中习以为常的现象的评论等。此外，从文化休克问题看，拜拉姆认为，这一项无法直接观察，只能采用了解第二语言学习者的反映的方法进行测试，让学生自己反映心理感受。拜拉姆的这一看法并不全面，因为文化休克是有外在表现的。当然也需要了解学生的心理反应。从交际习俗问题看，拜拉姆注意到了交际习俗的文化特征及其复杂性。除了礼俗规范本身的文化特性的复杂性以外，还存在旅居者和居留国的人的态度问题。例如，主人不一定要求旅居者完全按自己的一套礼俗办事，特别是非语言交际行为更为复杂。旅居者也不一定完全接受居留国文化的习俗规则。但是，对于这一条的测试，拜拉姆似乎办法不多，而且态度比较悲观。其实，礼俗规范和交际行为是可以测试的。所以，态度部分的教学和测试包括五方面内容，测试的内容就是教学的内容。但是具体内容不同，测试的方法有别：强调的是平等地与人交往，可用选择题；了解别人对同

一事物的不同看法，也可用选择题；愿意了解别人对本文化价值观念的看法，也可用选择题；文化休克，可以用问答方式了解别人的心理反应；对于交际习俗与礼貌规范，可以自己分析适应的过程，了解居住国文化对自己行为的期待。

②知识。拜拉姆对跨文化交际中的知识的看法是，知识可分为三类：有关外国文化的知识、有关本国文化的知识以及二者之间的关系。前两种知识是文化比较的基础。学习者需要了解另一种文化的人是如何认识自己的文化的，也需要了解两种文化之间的关系和相互影响。关于知识学习的测试应当比较易于操作。例如，对于两种文化之间历史和现代的关系和对两种文化之间相互误解的表现的原因分析，都可以用问答题和案例分析进行测试。

③技能。技能在此指理解和解释的技能。拜拉姆指出，理解和分析的技能要以知识为基础，以事实为依据。对交际中遇到的问题要有辨别力、理解能力、评析能力以及调解文化误解和文化冲突的能力。拜拉姆将技能的测试分为以下几个方面：

a. 理解与关联能力（Interpreting and Relating）的测试。包括对文化优越感的识别、对文化误解和交际失误的识别以及调解理解差异的技能。可以通过事实分析和交谈情况分析进行测试。

b. 发现和交流能力（Discovering and Interaction）的测试。可用交谈的方法对母语国家的人进行调查；可用交谈方法鉴别相关现象；可参考相关著述，阐述自己的看法；可用回顾历史的方法探索习俗的共同点；可以检测应对文化差异的方法；检查文化交流的制度；检查对不同文化之间交际的调节技能。

c. 文化评判意识（Critical Cultural Awareness）的测试。这是一种比较和评价能力的测试。检测的目的不仅是交际效果，更主要的是考查学生如何讲清本文化的思想观点并按照另一文化观念与之交际的能力。这种能力不仅包括和谐交际关系的建立，还包括对观念的冲突的处理能力。具体检测包括三个方面，一是价值观念的辨别（Identifying Values）能力，即有理有据地对书面材料或具体事件进行鉴别和解读的能力；二是按标准进行评估（Evaluating by Criteria）的能力，即用明确的标准对书面材料和具体事件进行评估分析的能力；三是交谈与调解（Interacting and Mediating）的能力，即依据明确的标准对跨文化交流中交谈与调解能力进行测试。检查学生是否能够运用自己的知识、技能和态度通过协商寻求可接受的程度。可以采用评论和分析的方法进行测试。

拜拉姆将第二语言教学与跨文化交际相结合，注重比较方法的运用，还注意到排除文化优越感和文化偏见的干扰的重要性。他的理论最有研究价值的是将跨文化交际教学引入课堂，并提出了具有实用性、可操作性和可检测性的尝试措施。这些都对跨文化交际教学，尤其是对跨文化交际教学与第二语言教学之间关系的研究具有启迪意义。

　　拜拉姆的理论重在对文化知识的了解和对文化差异的理解与解释，但他并未讲清跨文化交际理论与第二语言教学的结合问题。尽管如此，这一理论对跨文化交际教学和第二语言教学仍具有不可忽视的参考价值。

第五章 中外思想文化的发展与融合

中外思想文化是具有历史感的术语，文化史学家的任务就是要追溯历史上的文化现象。总体而言，文化史学家可以通过一定的历史背景追溯文化生长、发育的土壤，也可以通过各种习以为常的传统来探究文化的根源。本章重点探讨中外思想文化的传承与演变以及中外文化艺术的传统与交流。

第一节 中外思想文化的传承与演变

一、西方人文思想的发展历程

西方人文思想倡导的是至今风行欧美的个人主义，这样的意识形态对西方社会影响至深。人文主义强调以人为主，以人为本，尊重人性的思想观念。它是一种思想、一种观念，同时也是一种制度和法律。这样一种精神和社会层面的建构并非始于文艺复兴时期，早在古希腊先哲思考世界本原的问题之时就已经被阐释出来，近代以来才开始在欧洲风行。

（一）希腊先哲的起源与发展

大约在公元前7～公元前5世纪，古希腊产生了朴素的唯物主义思想。当时，人们尝试去解释奇特的自然现象，如风、雨、雷、电，在思考的过程中产生了自然哲学。自然哲学是对自然的探讨和解释，它的产生与希腊的客观自然条件、民主政治和经济发展密不可分。希腊半岛土地贫瘠，不适宜大规模农业生产，为了减轻日益增长的人口压力，希腊人只能向海外发展，他们在爱琴海、黑海和地中海沿岸及岛屿建立众多的殖民地。公元前6世纪，波斯人入侵希腊造成了民族迁徙和融合，战争促进了东西方文化的交流。埃及、巴比伦等东方文化开始传入希腊，其中的精髓包括医学、历法、度量衡、算术和天文等知识及一些先进技术，希腊人看世界的眼光更开阔了，这些都有助于新思想的诞生。

　　希腊哲学的主题是何为万物的本原，宇宙万物是如何从本原演化而来的。他们最初的哲学研究对象是自然，研究自然的哲学被称为"自然哲学"。希腊人是以理性的方式看待自然的，他们试图以客观的方式了解和解释自然，这就形成了希腊哲学的早期形态，这就是"自然哲学"，宇宙万物的本原和生成演变过程是其研究的主要对象。自然哲学构成了希腊哲学的主要组成部分，例如，在亚里士多德的遗著中有80％是自然哲学方面的著作。

　　古希腊的自然哲学流派众多，包括伊奥尼亚派、毕达哥拉斯派、爱利亚派、元素派。伊奥尼亚地区是联系中东与希腊的必经之地，东西方文化在这里交融。公元前6世纪，这里就出现了新思潮的涌动，一批"哲学家"开始思索世界的本原问题。首次尝试解决"什么是世界本原"问题的哲学家是米利都的泰利斯，他认为水是万物的本原，虽然这一论断已经被科学发现所否定，但他的思辨过程带有浓重的朴素唯物哲学的意味。此外，还有哲学家提出了无定说、气本原说、火本原说、逻各斯学说和生成辩证法等理论，以解释世界的本原。

　　早期自然哲学家关于本原的思考循着两大线索展开论述："一"和"多"以及"变"和"不变"。伊奥尼亚派认为本原是变化的"一"；毕达哥拉斯派认为数是不变的"多"；爱利亚派认为本原即"是者"，"是者"是不变的"一"；元素派则认为本原是变化的"多"。这四个派别的哲学家在对这两条线索的思辨过程中，已经穷尽了一切可能性，这也预示着希腊哲学的下一步发展需要问题的转变和思想框架的转变。

　　第一位使用"哲学"这个名词的是古希腊哲学家毕达哥拉斯，这个词由两部分组成：希腊文"菲罗"意为"爱"；希腊文"索菲亚"意为"智"。两部分合起来意为"爱智慧的人"，"哲学"则是使人聪慧之学。这些原始意义已经在翻译的过程中丢失了。

　　伯罗奔尼撒战争后，雅典的经济和政治形势有所变化，希腊人伦理道德也出现了蜕变。这在哲学领域引起了波澜，从智者时代和苏格拉底时代开始，哲学家开始把目光转向人，从宇宙论和本体论的理性问题转向了"人"的问题。由此，新的哲学思想开始在希腊地区传播。一般而言，传统的自然哲学不讲究实际效用，哲学家只在自己的小圈子闭门造车，研究与人们日常生活脱节的话题，所以这些哲学思想存在着一定的狭隘性。到了公元前5世纪，希腊人被卷入社会的大动荡中，哲学家逐渐开始思考实践性的问题。这种趋势导致了在以雅典为中心的地区涌现出西方哲学史和思想史上第一个人本主义思潮。这一思潮由智者运动、苏格拉底和小苏格拉底学派以及柏拉图及其学园组成。其中，智者运动中的"智者"并不是纯粹为"传道、授业、解惑"而传授智慧的学者，而是为适应民主政治和社会生活这两方面要求出现的职业教师，为获取酬劳而工作。柏拉图鄙视这些以知识换取酬劳的哲学家，将其斥为"批发或零售精神食粮的商人"。但是，不可否认的是，智者为古希腊哲学做出了贡献。在思索的过程中，智者内部也出现了分化，产生了支持自然说和约定说两派学者的对立，这种对立建立在怀疑主义和相对主义的基础之上。值得一提的是，怀疑主义和相对主义在希腊哲学发展到末期的时候对希腊哲学产生了很大的破坏力。此后的大哲学家如苏格拉底、柏拉图和亚里士多德为摆脱这两种主义进行了不懈的斗争。

生活在公元前469～公元前399年的苏格拉底也跟智者一样，作为职业教师传教授业，但他与智者有一个本质的区别：从不收取学费。他的特点是用辩证法论证唯心主义学说。其思想由三个部分组成：一是"自知自己无知"；二是"美德就是知识"；三是"精神接生术"。但这种唯心主义缺乏系统和完整的理论基础，他的学生柏拉图在此基础上进行了发展和完善。

生于雅典贵族家庭的柏拉图，年轻时曾参加过伯罗奔尼撒战争。柏拉图的哲学思考旨在建立一种能囊括万物的哲学，该哲学必须包括自然和宇宙的学说在内。柏拉图试图掌握有关个人和大自然永恒不变的真理，他的自然哲学是他的政治见解和神学见解的综合。他把宇宙设想为两种直角三角形：一种是正方形的一半，另一种是等边三角形的一半。由这两个三角形产生了四种正多面体，因而形成四种元素的微粒。柏拉图的传世作品《理想国》展示了一幅理想的乌托邦的画面，这是他理想中的民主政体的直接反映。

苏格拉底生前弟子众多，他死后这些弟子逐渐分成了三个学派：犬儒学派、快乐学派、麦加拉学派，统称为小苏格拉底学派。小苏格拉底学派主要关注伦理或道德的哲学。可惜的是，他们的著作大多散佚，后人只能在柏拉图、亚里士多德等哲学家的著作中了解到他们的存在。这三个学派中犬儒学派最有影响力，它的崛起反映了伯罗奔尼撒战争之后，下层民众对社会现状的不满。麦加拉学派继承并发展了智者派、苏格拉底派的争辩术，擅长辩论。

亚里士多德也是欧洲哲学史上最重要的哲学家之一，他认为世界由各种和谐一致的事物组成，他还对天文、物理、数学、生物等领域感兴趣并做出贡献，他的主要作品包括《形而上学》《伦理学》《政治学》和《分析前篇和后篇》，这些作品为后世的哲学和科学奠定了基础。亚里士多德是柏拉图的学生，在朴素唯心主义大行其道的时候，他抛弃了他的老师一直坚持的唯心主义哲学观转向了朴素唯物主义。

（二）启蒙运动的兴起与成就

17～18世纪，文艺复兴运动已经告一段落，西欧资本主义已颇具规模，资产阶级在社会上的优势地位已经越发明显。新的气象萦绕着欧洲社会，新的研究领域也不断被开创。此时的自然科学突飞猛进，以法国最为突出，出现了一批专门从事科学活动的科学家，如动力学专家莫伯都依、光学专家菲尔玛、博物学家布丰和林奈。

此后，声势浩大的思想运动也逐渐展开。18世纪启蒙运动在欧洲社会掀起了轩然大波，最初产生在英国，而后发展到法国、德国与俄国，同时也传到荷兰、比利时等国。其中法国的思想启蒙运动声势最大，涉及面最广，战斗性最强，影响最深远。因此，启蒙运动的主要成就来自法国，法国的启蒙思想家的精神代表了启蒙运动的精神核心。黑格尔曾高度评价法国哲学，"法国哲学比较生动，比较活泼，比较富于机智，简直就是聪明机智本身。"与文艺复兴相比，启蒙运动思想家取得了前者难以超越的成就。首先，启蒙运动本身的含义就是"光亮"，这次运动为世界带来了智慧的光亮，逐步建立起哲学、道德、美学体系。其次，启蒙运动反对蒙昧主义，提倡新的资产阶级推崇的思想和文化，启蒙思想家留下的作品不仅具有文学价值，还为社会营造了新的思维模式。最后，启蒙思想家开始思考专制君主制的弊端，扛起理性大旗，提倡信仰自由，通过提出哲学理论、政治纲领和社会改造方案来避免专制暴政带来的危险，这些论述为建立资产阶级政权提供了思想准备。

法国启蒙运动中涌现了一大批优秀的思想家、哲学家和文学家。孟德斯鸠的《论法的精神》开宗明义地抨击了神学和封建专制，对旧制度的震撼最为强烈，成为此后资产阶级大革命的政治纲领。他著作不多，仅有《波斯人信札》《罗马盛衰原因论》和《论法的精神》。《论法的精神》一经出版深受欢迎，不断再版，两年中印行了22版。《论法的精神》第一次提出分权说和制衡理论，这些学说为资产阶级执政提供了十分有益的借鉴。在这部作品中，孟德斯鸠首先从宏观的角度探讨自然法理论、法和法律定义、法律与政体关系以及政体分类、各种政体的性质和原则等问题，其次开始阐述政治自由和三权分立学说，以支持其君主立宪制的政治主张。他还论述了法律对于工商业、贸易等领域的重要性，主张在法律的原则之下兴办工商业，发展贸易。虽然孟德斯鸠的言论和观点的先进性是毋庸置疑的，但其时代局限性仍然存在。比如他的作品中就透露着明显的自然神论，虽然他自己并没有清晰的概念。他认为凡是否认神明的存在；或是相信神明的存在，但主张神明不干预人间的事务；或者认为可以很容易用祭祀去安抚神明，都是对神明的侮辱。这些意见都是有害的。不可否认的是，《论法的精神》是孟德斯鸠影响最大的著作，也是一部综合性的政治学著作。

另一位法国启蒙运动的领军人物是伏尔泰。法国著名传记作家安德烈·莫洛亚对他的评价很高："如果17世纪是路易十四的世纪，那么18世纪就是伏尔泰的世纪，确确实实没有他人能够更好地体现那个充满生机、璀璨光辉的时代。"伏尔泰在政治上的名声丝毫不逊色于他在哲学上的卓越成就，他以捍卫公民自由，特别是信仰自由和司法公正而声名鹊起。因主张政治民主、强调自由平等，伏尔泰两次被捕入狱。在当时，许多学者的世界观深受牛顿和洛克的影响，伏尔泰是其中最早以通俗的法语传播牛顿思想的学者。他说："我们都是牛顿的学生，我感谢他独自发现和证实宇宙的真实体系。"

启蒙运动著名的代表人物还有卢梭，他的主要作品包括《论人类不平等的起源和基础》《社会契约论》《爱弥尔》《忏悔录》等。描述人和社会关系的《社会契约论》也许是卢梭最重要的著作，其开头写道："人是生而自由的，却无不在枷锁之中。"这本书于1762年出版，当时无人问津，但后来成为反映西方传统政治思想的最有影响力的著作之一，奠定了西方民主政治的基础，在欧洲各国掀起了废除君主专制的政治思想运动。《社会契约论》对西方民主政体提供了典范——美国的立法经典《独立宣言》和法国大革命的结晶《人权宣言》就是以《社会契约论》为模板拟定的。

二、中国传统思想的起源与发展

中华民族在几千年文明发展的历程中，创造了灿烂辉煌的传统文化，为世界文化的发展做出了卓越的贡献。在多种因素的共同作用下，儒家思想成为中国传统思想文化的主体部分，对中国文化的影响深远。儒家思想在历史演变的过程中，在内力与外力的共同影响下，在不同的历史时期表现出不同的时代特色。春秋末期由孔子创立的儒家思想，在春秋战国时期的百家争鸣中脱颖而出后，一直绵延不断地发展着，经历过汉代的"独尊儒术"，到宋明时期程朱理学体系的建立，再到明清时期一些进步思想家对传统儒学的批判与继承，儒家思想逐渐充实完备，走向成熟。此外，道家思想也是中国文化的重要构成部分，儒家思想对道家思想若干文化内涵的吸收，也是非常值得注意的。

（一）先秦时期的百家争鸣

商周时期，官府垄断了文化教育，形成所谓"学在官府"的局面。

春秋战国时期，随着社会的大变革，贵族垄断文化教育的局面被打破，"学在民间"的局面形成，从而促进了文化的传播和学术的发展，形成了不同的学派。各学派著书立说，广收门徒，被总称为"诸子百家"，出现了"百家争鸣"的局面，成为古代中国文化发展的一个高峰。其中又以儒家、墨家、道家、法家的影响力比较大。

1. 儒家思想的形成与发展

孔子名丘，字仲尼，鲁国人，是我国古代杰出的教育家和思想家，儒家学派的创始人。他开创了中国古代私人讲学之风，提出"有教无类"的教育思想，主张"诲人不倦""因材施教"。孔子整理了《诗》《书》《礼》《易》《乐》《春秋》等文化典籍，成为儒家尊奉的经典，被称为"六经"。他逝世后，弟子将其言论编为《论语》一书。

孔子的思想主要由超越层面的"天命观"、社会层面的"礼"的思想和心性层面的"仁"的思想三个既相互联系又有所区别的部分构成，也是原始儒学的基本内容。其"天命观"与周人的天命观有着某种联系，承认有某种超越的、能决定人世命运的客观力量存在。认为"天命"虽然不能被人的力量所驾驭改变，但却可以被人理性地认识和体悟，所以自称"五十而知天命"。对鬼神也采取保留态度，所谓"不语怪力乱神""敬鬼神而远之"。他不否认天命鬼神的作用，但更重人事，"未能事人，焉能事鬼""未知生，焉知死"，这种思想具有一定的进步倾向。

孔子提出"仁"与"礼"的学说，主张建立一个礼乐文明的社会。他主张以"周礼"为准则，君臣父子各安其位，不越位，不僭礼。"非礼勿视，非礼勿听，非礼勿言，非礼勿动"。在孔子看来，"礼"涵盖范围相当广泛，既指国家的政治伦理制度，也包括社会成员的行为规范。

"仁"是孔子伦理思想的核心，他认为要实现礼治，必须通过个人修养，形成"仁"的德行。他曾从不同角度对"仁"进行解说，如子张问仁于孔子，孔子曰："能行五者于天下，为仁矣。"请问之，曰："恭、宽、信、敏、惠。恭则不侮，宽则得众，信则人任焉，敏则有功，惠则足以使人。"樊迟问仁，子曰："居处恭，执事敬，与人忠。""刚、毅、木、讷，近仁。"可见，孔子是把"仁"作为理想的道德标准，把春秋时期已形成的众多的道德规范都归之于"仁"。"仁"是当时众多道德规范、道德概念的升华。

孔子强调"仁者爱人"，认为"爱人"是产生一切道德行为的精神源泉。所谓"爱人"，实际上包含着"爱亲"和"爱众"两方面的内容。"仁"是一种有亲疏远近和贵贱等级的有差别的爱。"爱亲"是建立在血缘关系上的父母兄弟之爱，是一种"孝悌""亲亲"的道德感情和道德行为；"爱众"是把"亲亲"的血缘伦理推向社会，在"亲亲""事父兄"的基础上衍生出"尊尊""事君"的道德感情和道德行为。对于统治者而言，统治者要以德治民，爱惜民力，"节用而爱人，使民以时"，反对苛政和任意刑杀。可见，孔子讲"仁"，有利用血缘关系调和社会矛盾、稳定社会秩序的意思。

孔子还强调"仁"和"礼"的结合，"仁"最终要落实到"礼"上，受"礼"的约束。孔子说："克己复礼为仁。""克己复礼"的意思是要克制自己，一切非礼的视、听、言、动都必须摒弃，从而使自己的行为符合周礼的规范，这样才算是达到了"仁"的标准。这样一来，孔子就把伦理范畴的"仁"和社会政治范畴的"礼"密切联系在一起。

儒家学派产生以后，影响很大，与墨子创立的墨家学派并称为显学。战国时期，儒家学派又出现了两位重要的代表人物——孟子和荀子。

孟子，名轲，邹国人。孟子生活的时代距孔子之时已有一百多年。他继承和发展了孔子"仁"的学说，主张实行"仁政"；提出"民贵君轻"的民本思想；主张"性本善"。孟子政治主张的核心是仁政思想。孟子从孔子的"仁"学思想出发，把它扩充发展成包括思想、政治、经济、文化等各个方面的施政纲领。他说，"仁者无敌"，"君行仁政，斯民亲其上，死其长矣"。并认为要推行"仁政"，就要在经济方面使"民有恒产"，即"民之为道也，有恒产者有恒心，无恒产者无恒心"。孟子还进一步提出了"民贵君轻"的民本思想。他说："民为贵，社稷次之，君为轻。"在孟子"民贵君轻"的民本思想中，虽然充分肯定了民众的作用，但是他要求国君实行仁政、重视民众的出发点仍然是维护君权。

孟子仁政思想的哲学基础是"性善说"。他认为人的道德行为的根源就在于人性本善，"人性之善也，犹水之就下也。人无有不善，水无有不下。"他认为人都有"良知""良能"，这是人生下来就具有的"善性"，包括恻隐之心、羞恶之心、辞让之心和是非之心。这四种善性被孟子称为"四端"，"四端"发展起来就是仁、义、礼、智四种德行。"恻隐之心"是"四端"之首，"仁"则是"四德"之首。

先秦时期对孔子的儒学理论进行深化和发展的另一位重要人物是荀子。荀子，名况，时人尊之为荀卿，战国末年赵国人，大约生活在孟子死后一百年左右的时代。荀子的言论保存在《荀子》一书中。同样是儒家学派的代表人物，荀子的思想却与孟子的思想有很大的不同。他主张"性恶论"，提出隆礼重法的治国理念，认为君主礼义教化、法治刑罚兼用，以遏制人性恶的无限制发展。认为"礼"的功能是节制人的欲望本性，调节由人的欲望而引起的冲突纷争，保持社会秩序的稳定。同时主张"法"是另一种治理国家的重要手段，认为"由士以上则必以礼乐节之，众庶百姓则必以法数制之"。"礼"和"法"分别规范着"士人君子"和"众庶百姓"这两类社会成员的行为，治理国家必须"礼""法"并重，"礼"是根本原则，"法"是具体措施。

荀子在《荀子·天论》篇中系统地论述了"人定胜天""制天命而用之"的"天命"思想。在他看来，"天命"是可以被人认识和利用的，被称为"常"或"道"。荀子说："天行有常，不为尧存，不为桀亡。应之以治则吉，应之以乱则凶。强本而节用，则天不能贫。养备而动时，则天不能病。修道而不贰，则天不能祸。"荀子还主张国君要重民爱民，认为国君和百姓的关系就如同船和水的关系，引用《尚书》的话来说明其重民思想："君者，舟也；庶人者，水也。水则载舟，水则覆舟。"

2. 道家、墨家、法家学派的形成和发展

在诸子百家的学术争鸣中，道家是作为儒家和墨家的对立面出现的。

道家学派的创始人是老子。战国中期庄子继承和发展了老子的思想，成为道家学派的另一个重要代表人物。因此道家思想又被称为"老庄之学"。

今传《老子》一书是战国时期的作品，该书不是出自一时一人之手，是由老子的门人追记的老子遗说，体现了老子的思想，全书约五千字，分上下两篇，上篇名"道经"，下篇名"德经"，所以《老子》又有《道德经》之称。

老子提出一个超越一切的虚无本体——"道"，"道"是产生宇宙万物的本源，所谓"道生一，一生二，二生三，三生万物"。又说："天下万物生于有，有生于无。"可见，"无"是比"有"更根本的宇宙万物的本源，"无"即是"道"。老子同时还提出"道法自然"的思想，认为天道自然无为，进而提出"无为而治"的政治主张，薄赋税，轻刑罚，即所谓"我无为，而民自化；我好静，而民自正；我无事，而民自富；我无欲，而民自朴"。老子主张回到"小国寡民"的理想社会，其描绘理想社会的图景是"小国寡民，使有什伯之器而不用，使民重死而不远徙。虽有舟舆，无所乘之，虽有甲兵，无所陈之，使民复结绳而用之。甘其食，美其服，安其居，乐其俗，邻国相望，鸡狗之声相闻，民至老死，不相往来"。

老子的朴素辩证法思想是其哲学思想的精华。他指出客观世界的事物都包含着矛盾对立的两方面，如祸与福、刚与柔、弱与强、实与虚、荣与辱、巧与拙等。矛盾对立的两方面又是对立统一，相辅相成的，所谓"有无相生，难易相成，长短相形，高下相倾，音声相和，前后相随"，事物无不向它的对立面转化，"祸兮，福之所倚；福兮，祸之所伏"。

庄子，名周，宋国人，庄子的思想保存在《庄子》一书中。现存《庄子》三十余篇，其中有一部分是他自己作的。庄子也是以"道"为世界万物的本源，但与老子所说的"道"有所不同。他认为人通过修养可以得"道"，得了"道"就可以与"道"同体，"道"即"我"，"我"即"道"。这样一来，世界万物都成为"我"的主观产物，所谓"天地与我并生，而万物与我为一"。

庄子的齐物论思想也是非常有特色的。在庄子看来，"道"是无所不在，没有界限和差别的，万物也是没有界限和差别的，认为贵贱、大小、是非、有无、生死等都不是由客观事物本身的性质决定的，而是由认识者观察事物时的主观偏见决定的，只有做到齐物我、齐是非、齐大小、齐生死、齐贵贱，才能达到与天地万物合二为一的精神境界，从而获得精神上的自由而逍遥自得。

战国初期和儒家思想并称为"显学"的是墨家思想。墨家学派的创始人是墨子。墨子，名翟，鲁国人。墨子和墨家学派的言论，汇集在《墨子》一书中。墨子针对当时的社会矛盾，提出了尚贤、尚同、节用、节葬、非乐、非命、尊天、事鬼、兼爱、非攻十大主张。

"尚贤"即以"众贤"的标准代替"亲亲"的标准来选拔官吏，要求国君不分等级任用贤能。"尚同"以"尚贤"为条件，目的是希望有一个由贤能者管理的、政令统一的中央政权。"节用"和"节葬"即反对繁文缛节、厚葬久丧，主张节约开支，葬礼从简。墨子身体力行，"量腹而食，度身而衣"，生活非常俭朴。与其"节用"相联系的"非乐"则是反对沉湎于音乐的享乐风气。

"非命"就是反对命定论，反对听天由命、无所作为的怠惰思想。墨子认为执命定论者会把治乱、富贵贫贱、饱暖饥寒都归之于命，片面强调天命的力量，而忽视人的力量。墨子否定了天命，却主张尊天事鬼。他认为"天"是有意志而公正的，可以赏善罚恶，所有人应该"顺天意"行事。鬼神和"天"一样，"能赏贤而罚暴""兴天下之利，除天下之害"。墨子"尊天事鬼"而"非命"，虽然在理论上有所矛盾，但是他将西周以来的"天命"去掉了"命"，否定了命定论；把贵族所有的天、鬼神变为贵族、民众所共有，视为监督上自天子、下至万民的权威力量。

"兼爱"是墨子社会政治思想的总原则，他认为，"兼相爱，交相利，此圣王之法，天下之治道也"，"兼相爱则治，交相恶则乱"。所谓"兼爱"就是无差别的爱，"视人之国，若视其国；视人之家，若视其家；视人之身，若视其身"。这主要是针对儒家"仁"的学说提出来的，以反对儒家爱有差等的等级名分。"交相利"的主张则与儒家的重义轻利针锋相对。墨子认为当时各国和贵族之间的攻伐兼并战争都是不义的，因而提出了"非攻"的主张，反映了小生产者厌恶战争，反对破坏生产，希望安居乐业的愿望。当然，墨子不是无条件反对一切战争，他只是反对好战国家"攻伐无罪之国"，他认为有些顺天应人的征伐战争也是必不可少的。

墨子在认识论上提出"三表法"作为判断事物是非真假的标准，即根据前人的间接经验、民众的直接经验和事物的实际效果来判断是非。墨子死后，墨家的后学继承并发展了墨家学说，在自然科学领域里有所贡献。也有一些墨家后学专门探讨逻辑学，所以后期墨学也被称为"墨辨学派"。

战国时期还出现了倡导变法的"法家"，早期的代表人物有李悝、吴起、申不害、商鞅，后期代表人物则是韩非。韩非是韩国贵族，曾上书韩王主张变法图强。现存《韩非子》五十五篇，除少数篇章外，大多数是韩非的著作。

韩非法治思想有两个来源：一是源于荀子，不过抛弃了荀子的隆礼思想，发展了其重法思想。二是源于早期法家的代表人物商鞅、申不害和慎到，三者思想各有侧重，商鞅重"法"即君主制定的成文法规，申不害重"术"即君主驾驭臣民的权术，慎到重"势"即君主至高无上的权势。韩非则提出了一套法、术、势相结合的统治主张，使他成为法家学说集大成者，他主张集一切权力于君主，君主凭势用术，通过法来统治人民。

韩非针对周末诸侯纷争的混乱局面，反对周朝封邦建国的分封制，主张建立高度集权、君主专制的政治体制，即实行"事在四方，要在中央"的集权政治，为结束诸侯割据，建立统一的中央集权国家提供了理论根据。同时主张实行思想一统的文化专制政策，"息文学而明法度"，"焚《诗》《书》而明法令"。

韩非反对守旧，主张革新，认为"圣人不期修古，不法常可"，即不修行先王古道，不效法成规旧例，而是针对当时的社会情况，采取相应的统治措施。韩非主张人性本恶，认为人生来是自私自利的，所以必须"上设重刑者而奸尽止"，强调用严刑峻法来统治人民。

（二）汉代的思想大一统

秦灭六国，统一海内，建立起大一统的专制政体后，先秦诸子"百家争鸣"的繁盛景象也随之结束了。秦代为了加强中央集权，对儒家思想采取的是"焚书坑儒"政策，儒家学派受到沉重打击。汉代除了汉初以"黄老之学"作为政治主导思想外，汉武帝之后就开始实行独尊儒术的思想政策了。汉武帝时期，汉代儒家的代表人物董仲舒适应社会和统治者的需要，以儒家思想为核心，融合诸子百家中道家、法家和阴阳家等学说，对儒家思想进行系统改造，提出了大一统论、天人感应学说和独尊儒术思想，形成适应大一统时代需要的新儒学，为儒学获得独尊地位发挥了重要作用。

董仲舒在《贤良三对策》与《春秋繁露》中系统阐述了他的政治哲学思想。他在举贤良对策中说："《春秋》大一统者，天地之常经，古今之通谊也。今师异道，人异论，百家殊方，指意不同，是以上亡（无）以持一统；法制数变，下不知所守。臣愚以为诸不在六艺之科、孔子之术者，皆绝其道，勿使并进。"汉武帝采纳这一建议，从而"罢黜百家，独尊儒术"。

董仲舒的大一统论是在总结历史经验教训的基础上提出的，他认为乱世源于君权旁落，周天子的威权衰落才会出现春秋战国的纷争；汉初中央政府无为而治，各诸侯国势大权重，才会导致吴楚七国之乱的出现。实现大一统才能免除战乱，使人民安居乐业。因此董仲舒说："《春秋》之法：以人随君，以君随天……故屈民而伸君，屈君而伸天，《春秋》之大义也。""以人随君""屈民而伸君"，是对君主集权制度的肯定，民众和诸侯王都服从皇帝，才能实现大一统。但是如果君主的权力不受任何制约，君主就容易恣意妄为。如何对君主进行制约呢？"以君随天""屈君而伸天"，以天神的权威来节制君权。这样就给拥有至高无上权力的君主加上"天"这个枷锁。

从周人的敬天保民思想开始，天命论在中国社会影响深远。董仲舒利用这一文化心理，来构建自己的理论体系。他认为"天者，万物之祖，万物非天不生"，人是天创造出来的，所以天和人是同类，"以类合之，天人一也"。天人同类，同类又可相感，自然天人之间也会相互感应。君主做了好事，上天就会降下祥瑞，以示嘉奖；君主做得不好，上天就会降下灾祸，以示警告和惩罚。一旦有灾异现象出现，君主就要自省，予以纠正。

董仲舒的大一统论强调"屈民而伸君"，要求全国统一于皇帝，保证了国家的政治统一和领土完整，维护了新创造的中央集权制度，使中国形成民族复杂、人口众多的大国，并且使国家统一成为中华民族意识的重要内容。历代统治者都重视维护统一，为统一做出贡献的人就是民族英雄，名垂青史，流芳百世。天人感应说强调"屈君而伸天"，通过限制皇帝个人的私欲，起到协调君民矛盾，调整统治者与被统治者关系，使社会矛盾尽量缓和的作用。徐复观先生在《两汉思想史》卷二《王充论考》中就谈到汉儒用天人感应学说控制皇帝产生明显的效果。既然要"屈君而伸天"，那么天是什么呢？天是儒者按儒家思想来解释的，皇帝要敬天，自然要独尊儒术。

为了"屈民而伸君"，伸张君主的权威，董仲舒还提出"三纲""五常"之说来维护君主集权制度和宗法家庭伦理。所谓"三纲"就是"君为臣纲，父为子纲，夫为妻纲"。董仲舒说："王道之三纲，可求于天……君臣、父子、夫妇之义，皆取诸阴阳之道。君为阳，臣为阴；父为阳，子为阴；夫为阳，妇为阴……阳贵而阴贱，天之制也"。"三纲"思想规定了人们之间的伦常关系，要求下对上必须绝对服从。所谓"五常"就是仁、义、礼、智、信。"五常"是用来调整伦常关系的基本原则。董仲舒在《举贤良对策》中提出"仁、谊（义）、礼、知（智）、信五常之道，王者所当修饰也"。崇尚伦理道德，是儒家思想的基本精神和核心理念。董仲舒所开创的"三纲五常"伦理思想体系对后世影响非常深远。范文澜先生在《中国通史简编》中就指出汉武帝更喜欢儒家的是三纲五常说，董仲舒的尊君思想是儒学得宠的原因之一。

"独尊儒术"适应了秦以后中国政治制度和社会生活的文化需求。从汉武帝接受了董仲舒的献策，推行罢黜百家、表彰六经的文化政策后，尽管汉代实际上的文化结构是"儒道互补"，汉代以后的文化格局是儒、释、道三家并存，但儒家思想一直占据着主流文化地位。"独尊儒术"奠定了儒家思想在中国封建统治制度和社会生活中的文化主流地位。儒家思想在这一适应过程中也做了一些必要的理论调整，在先秦儒家思想的基础上吸收了道、法、阴阳、名、墨等学派的思想因素，从而发展了先秦儒学。

随着儒学地位的上升，汉王朝也提高了对文化教育的重视程度。汉武帝在建元五年（前136年），"置五经博士"，并且"兴太学，置明师，以养天下之士"。太学的建立既是汉王朝对文化教育重视的表现，也标志着儒学教育的官方化和制度化。"自此以来，公卿、大夫、士吏彬彬多（儒家）文学之士矣"，儒学成为"独尊"的官学，儒生也成为君主制下官僚队伍的主体。"罢黜百家，独尊儒术"文化政策的实行也带来了一些负面影响，某种程度上遏制了学术思想的自由发展。

（三）宋明理学与书院教育的兴起和发展

"宋明理学"是宋明以来占主导地位的学术体系。宋明理学的代表人物，北宋有周敦颐、张载、程颢、程颐及邵雍，被称为"北宋五子"。南宋主要有朱熹、陆九渊；明代最有影响的是王守仁。这一学术体系又可以分为两大派：一派是以"二程"、朱熹为主要代表的"程朱理学"；另一派是以陆九渊、王守仁为主要代表的"陆王心学"。由于"程朱理学""陆王心学"是宋明理学的主导思潮，所以一般将理学的代表人物概括为"程朱陆王"。

"北宋五子"初步确立了理学的理论主题与学术规模。就本体论而言，"北宋五子"认为，"理"是先于一切事物出现的，是宇宙一切事物出现和存在的最终根源，所谓"万事皆出于理"。就认识论而言，张载和"二程"都认为，人具有超越感性认识能力"闻见之知"的"德性之知"。除了依靠"德性之知"外，道德修养也是重要的途径。

理学推动了儒学的发展，首先，从理论层次回答了伦理道德的根源问题。此前的儒学认为伦理道德的根源是人自身或是"天"。"二程"则认为伦理道德规范本身就是"理"，就是本体，这样一来伦理道德就具有了合理性和永恒性。其次，还回答了儒学的另外一个重要问题——圣人的精神境界。圣人是践行伦理道德的典范，是儒家的最高理想人格，圣人的精神境界是儒家最高的精神境界。孟子说："圣人，人伦之至也。"理学则为揭示圣人的精神境界提供了理论观念——"理"或"天理"。在理学家看来，能与"理"这一本体合二为一的精神境界就是圣人的境界，如程颐所说"圣人与理为一"。

宋明理学的主要特点包括：以不同方式为发源于先秦的儒家思想提供了宇宙论、本体论的论证；以儒家的圣人为理想人格，以实现圣人的精神境界为人生的终极目的；以儒家的仁、义、礼、智、信为根本道德原理，以不同方式论证儒家的道德原理具有内在的基础，以存天理、去人欲为道德实践的基本原则；为了实现人精神的全面发展而提出并实践各种具体的修养方法。理学确立之后，不断丰富发展。

南宋时期的朱熹被认为是理学的集大成者。其思想体系中，理气论、理一分殊论、心性论和格物致知论是四大主体。具体如下：

（1）理气论。朱熹认为一切事物都由理与气构成，气是构成一切事物的材料，理是事物的本质和规则。他说："天地之间，有理有气。理也者，形而上之道也，生物之本也。气也者，形而下之器也，生物之具也。"朱熹认为理和气不能分离，但理是第一性的，气则是第二性的。事物尚未产生的时候，事物的规律、法则已经存在。理作为事物的共同本质、共同规律，体现在一切此类事物之中；一切事物的法则，包括人类社会的各种原则都是永恒存在的，而且不会改变的。据此，朱熹就把理绝对化了。

（2）理一分殊论。朱熹认为一个人对亲属、外人乃至天地万物具有不同的义务。一个人首先应该爱其父母，然后及人及物。虽然仁爱的原则在实施上亲疏有别，但其体现的道德原则是一致的。他说："所居之位不同，则其理之用不一。如为君须仁，为臣须敬，为子须孝，为父须慈。"朱熹还认为，与物物具有相同的本体不同，事物的具体规律和性质各有差别，这也是一种"理一分殊"。每一类事物都有这一类事物的理，事物不同，普遍之理在事物上的具体表现也不同。

（3）心性论。朱熹的心性论主要是对于"心""性""情""欲"的看法。他认为"未发是性，已发是心"，"心"包含有"性"和"情"两端；现实"人"所具有的"心"不可能全然达到这种纯粹和绝对的状态，必须通过种种修养途径，才能逐渐去除"情"中的"人欲"，而趋近"理"。

（4）格物致知论。"格物"和"致知"原是《大学》中提出的两个重要观念。朱熹认为格物（接触事物）是为了穷理（研究物理），穷理必须落实到具体事物上并穷至其极。而"致知"则是"格物"的目的和结果，是人通过考究物理得到的知识扩充的结果。格物的目的是要达到对事物的"所以然""所当然"的了解。所以朱熹主张的格物穷理，其终极目的在于明善。

陆九渊是南宋理学另一位最主要的学术代表，曾讲学于贵溪象山，自称"象山居士"。陆九渊与朱熹的分歧与争论即所谓的"朱陆之辩"，深塑地影响了此后理学的发展。公元1175年，朱陆二人聚会于江西信州铅山鹅湖寺，讨论学术异同，这就是中国思想史上著名的"鹅湖之会"。

在认识理的方法上，朱熹主张泛观博览、格物致知；陆九渊则主张先立其大、发明本心。两人各执己见，激烈辩论，两人的弟子也随之分裂。朱熹强调"理"在心外，陆九渊认为心就是"理"，心就是宇宙万物之根本，不承认心外有"理"。陆九渊的思想主张主要包括：

（1）本心。"本心"的观念是陆九渊思想体系中最重要的观念，"本心"又可称为"仁义之心"，是任何人都有的先验的道德意识，是每个人心的本来状态，存在于任何时代、任何人身上。人的一切不道德的行为都是因为"失其本心"，因而一切为学功夫都应围绕着保持本心，以免本心丧失。

（2）心即是。陆九渊常将本心简称为心，他说："人皆有是心，心皆具是理，心即理也。"认为本心之理与宇宙之理是统一的，皆为道德原则的根源。所以他说："宇宙便是吾心，吾心即是宇宙。"

（3）格物静坐。陆九渊认为"格"的意思就是穷究至极的意思，但他主张穷究的理并不是外在事物的规律而是指"格此心"。因为"心即是理"，所以通过修身正心，来"穷此理""尽此心"。因此，陆学十分重视以静坐"发明本心"，将静坐作为一种非常重要的体道明理方法。

陆九渊的学说在当时曾有较大影响，然而在他死后的一段时期里，其代表的"心学"相对于"理学"而言，影响力都是较小的。明代前期，"程朱理学"在官方意识形态领域取得了"独尊"地位。

明代中期，在王守仁的倡导之下，"心学"重新活跃起来。王守仁自号阳明子，世称阳明先生。他在继承陆九渊的思想和吸纳禅宗的心本论的基础上，提出独具特色的思想主张，主要包括以下几点：

（1）心外无理。王守仁进一步发展了陆九渊的"心本"思想，认为没有不依赖于"心"的客体的"理"存在，万事万物的"理"都是人心所赋予的，都是人心之"理"的表现。因而提出："心外无物、心外无事、心外无理、心外无义、心外无善。"

（2）心外无物。王守仁所说的"物"主要不是指现实存在的东西，而是指意向之物，即呈现在意识中的东西。王守仁提出"心外无物"这一理论的目的是要把"物"归结于意念，这样才能把"格物"解释为"格心"，让人们在心上做格物功夫。

（3）格物与格心。王守仁认为"格物"首先要"格心"，"去其心之不正"，即要正外物必须先正己心。"格心"又可以分为动中"格"与静中"格"两种形式，而以静中格心最为重要。所谓"动中格心"，就是通过读书学习，为人处事，在"事"上磨炼，克服人欲于方萌之际，不致使心中的"天理"受到蒙蔽；所谓"静中格心"，就是要求人们"静坐息虑"，"反身而诚"，以防止人欲于"未萌之先"，使心中的天理始终保持"本体清净"的状态。而"格心"的目的则是为了"灭人欲，存天理"。

（4）致良知。"致良知"是王阳明认识论的核心。他综合《大学》"格物致知"和孟子"良知"说而提出"致良知"。其所说的"良知"是指人的不依赖于环境、教育而自然具有的道德意识与道德情感。同时认为良知人人本有，但是却不能致其良知，应该从内外两方面加强为善去恶的道德实践，知行合一。晚年还提出："四句教法：无善无恶心之体，有善有恶意之动，知善知恶是良知，为善去恶是格物。"

（5）知行合一。王守仁认为"知"与"行"二者虽然不是一回事，但是二者是互相联系、不能割裂的。所以他说"真知即所以为行，不行不足谓之知"。同时还认为"知是行之始，行是知之成"，没有脱离"行"的独立的"知"，也没有脱离"知"的独立的"行"。所谓"知是行之始"，即意念、动机被视为整个行为过程的开始，在此意义上意念之动亦属行。按照这一观点，人有任何一点点违背纲常的念头都是不容许的，人们必须将其彻底克服而不容有任何的姑息和犹豫，这是王守仁"知行合一"说的社会意义。

王守仁心外无理、心外无物、格物与格心、致良知、知行合一等命题，构成了一个具有内在逻辑的理论体系，对后世影响深远。

由程朱理学和陆王心学为主要组成的宋明理学使儒学思想发展到一个新的阶段。它使儒家思想更加理论化和哲学化，使儒学服务统治的政治作用和修养身心的社会功能更加明显，但理学的发展也使儒学日益走向极端。随着宋明理学逐渐发展为儒学的主流，其对中国古代社会产生了深远的影响。

宋明理学的兴起与书院教育的发展有密切联系。书院是中国古代一种特有的教育组织形式，是私学发展的结果。书院之名始于唐代。从唐中叶起，士人围绕着藏书、校书、修书、著书、塑书、读书、教书等文化活动，创立了书院这种新的文化教育组织形式。到晚清改书院为学堂为止，书院延续了一千多年，形成了一套具有中国特色的教育体制和教学方法，对中国文化的发展做出了卓越贡献。书院教育的发展推动了宋明理学的兴起和发展，朱熹和王守仁都与书院有着不解之缘。

朱熹特别重视建立书院作为讲学场所，曾亲自创办了考亭书院等四所书院，重建了白鹿洞书院、岳麓书院等三所书院。在兴建这些书院时，朱熹修建房屋，征集图书，延聘名师，招收生徒，订立教规，设立课程，登台讲学，付出大量心血。公元1179年，朱熹开始重建宋代四大书院之一的白鹿洞书院，制定院中师生共同遵守的学规，即《白鹿洞书院揭示》。学规的内容都是集合儒家经典中的语句而成，总结了孔孟以来的儒家礼教体系，用儒家伦理的标准去要求和规范书院师生的行为。朱熹认为"明理、修身"是书院教育的目标，为求取功名利禄而"为学"是极其不良的学风，"为学"的目的不应该是"钓声名、取利禄"。书院是理学家们宣传理学的重要基地，当他们的弟子接受理学后，多继承其衣钵以传道讲学为己任，这些弟子会在新的地方创建书院，宣传和普及理学。

王守仁将书院定位于"匡翼夫学校之不逮"，认为书院存在的意义就在于补救官学的流弊，将书院视为自己进行学术研究和宣传自己学术思想的阵地。在书院讲学的过程中，不断完善和发展自己的学术主张与思想体系，开创了中国历史上继南宋以后的第二个书院与学术互为表里、一体发展的局面。

王守仁还致力于书院讲会制度建设，王门最早的讲会是其亲自主持的。嘉靖四年（公元1525年）十月，阳明书院落成，讲会移至书院举行，此后坚持数十年不断。书院讲会的兴盛及其制度化开创了一种新的书院讲学形式，极大地促进了书院制度和学术文化的发展。

（四）理学的兴衰及儒学思想的演变

理学产生之后，通过不同方式、不同途径渗透到社会生活中去，塑造出一种非常强调伦理道德的生活方式。从南宋宁宗、理宗两朝开始，理学在学术思想上的统治地位就开始逐步确立。元明两朝，科举考试的标准教材是程朱理学训解的"四书五经"，进一步巩固、加强了程朱理学的学术统治地位。理学本是具有丰富文化内涵的儒学理论体系，但当理学与国家政权相结合，成为必须遵循的国家意识形态时，其发展就变得僵化甚至停滞。明代后期理学开始衰落，明末清初衰落之势更加明显，主要体现在其学术基础的动摇和社会功能的弱化两个方面。

宋儒在解经传注时有鄙薄文字音韵的考证、以自己的体会所得为定解的学术倾向。明末清初的学者发现理学家对儒家经典援引和传注有很多疏漏、谬误之处。这些发现激起了学者对理学的怀疑，动摇了理学的权威地位。

理学将"三纲、五常"的伦理道德观念强化，要求人们在生活的一切方面自觉贯彻这种经过强化的伦理道德观念。然而，在国家权力和学术权威的双重作用下，理学道德规范逐渐蜕变成僵化的道德教条，在道德实践中理性的成分逐渐减少。

批判意识高涨的明末清初学者终于掀起了一个理学批判高潮。学者们因其学术背景、个人经历的差异而形成不同的批判思路：要么反儒，直接对儒学表示轻蔑和反对；要么子儒，把儒学放在与诸子等同的学术地位上；要么原儒，直接援引原始儒家经典来审视理学的弊端，驳斥理学的理论观点。

明末清初"反儒"派的代表人物是李贽。李贽，号卓吾，幼年家贫，随父读书。万历八年（公元1580年），离任辞官，闭门读书，写出大批富有批判精神的著作，主要有《焚书》《续藏书》等。《焚书》和《续藏书》是李贽与当时的道学家的论战集。《焚书》将《论语》和《孟子》二书中的谬误逐一加以揭发。《藏书》是李贽对自战国至元朝灭亡这八百多年中的重要历史人物作重新评价的历史著作，《续藏书》则是对明代历史人物的评论著作。

李贽大胆地指出不可"以孔子之是非为是非"。认为如果人们在孔子的权威面前，只知道沿袭古训，就会形成"咸以孔子之是非为是非，故未尝有是非耳"的文化专制局面。主张"以吾心之是非为是非"，即按照自己的是非标准对历史人物进行评价。他在《焚书》中通过对《六经》的评析，否定孔孟学说是"万世至论"，提出"经史一物"的主张，纠正了理学家迷信经书，轻视史书的思想倾向。

针对宋明理学家"去人欲，存天理"的道德宣讲，李贽提出"无私则无心"的观点，指出"虽圣人不能无势利之心"。认为"理"就在百姓日用之中，"穿衣吃饭，即是人伦物理"。他反对禁欲主义的道德观点，认为人是能够主宰自身的，主张"条教禁约，皆不必用"。这种用"自治"的办法来满足"千万人之心""千万人之欲"的观点，客观上反映了明后期新兴市民阶层冲破传统束缚，追求个性自决和个性解放的要求。

李贽还提出"绝假纯真"的"童心说"，来反对宋明理学压制下在文学创作、道德、政治、艺术等领域形成的虚伪之风。反对以孔孟"义理"为内容的"载道"文学，而"童心"就是人们先天自生的"绝假纯真"。对于长期处在"男尊女卑"压迫下的妇女，李贽给予深切同情，批评了"男子之见尽长，女子之见尽短"的说法，敢于向传统礼教挑战。在讲学传道时招收女弟子，践行其男女平等的思想。李贽对理学的揭露和批判，具有振聋发聩的启蒙作用，当时和后来的一些思想家对理学进行的批判，都在一定程度上受到李贽的影响。

把儒学放在与诸子和道教思想平等的学术地位上的是"子儒派"，其主要代表人物是明末清初的思想家和政论家唐甄，其主要著作是《潜书》。在思想学术领域，唐甄认为儒学和诸子学、儒学和释道具有平等的学术地位，它们各有其独立的理论体系和功能，"老养生，释明死，儒治世，三者各异，不可相通，合之者诬，校是非者愚"。在宋明理学在思想领域居于统治地位的时代，这一见解是非常具有批判性的。

唐甄尖锐批判了程朱理学末流只谈心性、不重事功的空疏陋习，认为"程朱讲学而未及为政"。主张"修身"与"治世"、"尽性"与"事功"、"内圣"与"外王"的内在统一。强调"修身""克己"的内圣功夫必须落实到"治天下""天下归仁"的事功方面才有其价值。

在社会政治领域，唐甄对君主专制制度和儒家纲常礼教进行了批判，谴责君主专制社会的黑暗和专制君主的残暴，指出"乱天下者惟君"。"自秦以来，凡为帝王者皆贼也"。正因为其思想具有反对君主专制的启蒙性质，所以其与王夫之、黄宗羲、顾炎武并称为"明末清初的四大启蒙思想家"。当然，他无情抨击的是"无道之君"及其暴政，对于"贤君""明君"及其仁政，则予以充分肯定。这说明唐甄"帝王皆贼"的命题不是出于对君主制度的否定，而是来自对君权的肯定和认同。

唐甄大胆提出了人人平等的主张。他说"人之生也，无不同也"，故人人皆可以成为"圣人"。他还提倡男女平等，主张爱父母当无分男女爱之若一，爱子也当无分男女爱之若一。认为家庭伦理关系中夫妻之间的不平等实际上是"人伦"之不明。

针对当时重农轻商的观念，唐甄提出"贾不辱身"的看法。他把人性依次分为"有义无利""见利思义"和"见利忘义"三等，认为"上、下少而次者多"，"见利思义"在现实生活中是普遍存在的。商人在谋利的同时也可以"见利思义"。唐甄的思想在一定程度上突破了传统观念的藩篱，与正在缓慢发展的资本主义精神相一致，因而具有一定的启蒙价值。

明末清初的理学批判思潮中，黄宗羲、顾炎武、王夫之是属于"原儒派"，他们总是直接援引原始儒家经典，或者根据自己对原始儒家经典的诠释，来审视理学的弊端，驳斥理学的观点。三人不但在对宋明理学进行批判的思想上有共同点，而且在反对君主专制制度，提倡经世致用的思想上也颇有相同之处，被并称为明末清初三大思想家。

黄宗羲，字太冲，号南雷，别号梨洲老人、梨洲山人等，学者惯称其为梨洲先生。主要著作有《明夷待访录》《明儒学案》等。黄宗羲在《明夷待访录》中对秦汉以来统治中国的君主专制制度进行了严厉的批判。首篇《原君》阐述了"君为民害"思想，他说："为天下之大害者，君而已矣。"首先提出了他的"自私自利人性论"，他说"有生之初，人各自私也，人各自利也"，利己是人的天性。君主专制制度之所以要被批判，就是由于君主"视天下为莫大之产业""以我之大私为天下之大公"。进而提出要把"以君为主，天下为客"的"家天下"，变更为"以天下为主，君为客"的"公天下"。

黄宗羲认为要想限制君主的权力，首先得明辨君臣之间的关系。他认为君臣之间不存在主仆的上下隶属关系，因此臣下对君主不应该愚忠，如果君主的所作所为，不符合"为天下""为万民"的正义要求，为人臣者也决不能盲目服从。他说："天下之治乱，不在一姓之兴亡，而在万民之忧乐。"在限制君权的具体制度上，黄宗羲主张设置宰相以限制君权的过分膨胀，通过"公其非是于学校"，使学校成为议政场所。他还批判了传统的"重农抑商"政策，提出了"工商皆本"的思想。

顾炎武，江苏昆山人，字宁人，号亭林，是明末清初一位杰出的思想家和历史学家。主要著作有《天下郡国利病书》《日知录》。在学术思想领域，顾炎武主张"经世致用"，提倡"实学"。他说"君子之为学，以明道也，以救世也"。提出了"天下兴亡，匹夫有责"的口号，开创了一种务实的治学风气，给清代学术造成深塑影响。顾炎武赞同黄宗羲的"君害论"，将批判的锋芒指向君主专制，认为天下不治的根本原因是君主试图独揽一切权力，所以"人君之于天下，不能以独治也。独治之而刑繁矣，众治之而刑措矣"。为此，他明确提出分权的主张，"以天下之权，寄之天下之人"。主张把中央权力下放到地方，实行地方自治；同时也重视清议的监督作用。

王夫之，湖南衡阳人，字而农，号姜斋，晚年隐居于石船山，自称船山病叟，人称船山先生，是明末清初杰出的思想家、哲学家。王夫之学识渊博，著作丰富，《读通鉴论》《宋论》比较全面地反映了他的历史观和政治思想。王夫之把"天下为公"作为对现实政治进行评判的标准，认为秦汉以来的统治都是君主的"家天下"，但是，"天下非一姓之私也"。天地本来是民众共有的，所以民众才是国家之本。君主的"第一天职"是关心民众，为臣民尽职，君主"尽君道以为民父母，是切身第一当修之天职"，认为"人无易天地、易父母，而有可易之君"，君位是"可禅、可继、可革"的。君主只有遵循道统，先德后治，先公后私，以民为先，才是合格的君主。

王夫之设计了一套天子、宰相、谏官"环相为治"的权力"制衡"机制，以限制君权。主张宰相对谏官有任免权，天子对宰相有任免权；宰相对天子负责，谏官对宰相负责，天子受谏官监督并接受其批评。不过，这一"环相为治"的构想，因为最终决定权仍在天子手中，所以不可能达到真正的权力制衡。

在哲学思想方面王夫之也有自己独到的见解。他认为世界是以"气"为物质始基而构成的，"道"（规律）必须依存于"器"（客观事物），一旦"器"变，"道"也就必定变化。王夫之还认为天地万物"变化日新"，一旦"守其故物而不能日新"，就必趋腐败。因而赞成随历史的变化而进行社会变革。在知行关系上，王夫之提出知行统一的观点，认为"知"与"行"相互依赖、相资为用。"行"是"知"的基础，一切学问的最终目的都是致用。

第二节 中外文化艺术的传统与交流

一、西方中世纪的文化艺术

古希腊艺术是西方古代艺术和文学最珍贵的遗产。古希腊人感叹于外部世界的神秘莫测，受宿命论的影响深重，但是他们创造的艺术和文学成就却富有前瞻性地强调了人的个体本位意识，体现了人鲜活的生命力，这为日后西方人打破神学的禁锢奠定了基础。可以说，生命意识、人本意识和自由观念是古希腊艺术和文学精神的精髓。

（一）希腊罗马的古典艺术形式及发展

1. 古希腊的建筑、雕塑与绘画艺术的起源和发展古希腊是欧洲文明的发源地，它对世界的影响一直持续到今天。古希腊文明最繁荣的时期是公元前5世纪～公元前4世纪中期，史称"古典时期"。古希腊艺术在这一时期出现了繁荣的局面，其中，建筑、雕塑、绘画是希腊艺术重要的组成部分。

（1）古希腊的建筑。希腊建筑是一切以研究古希腊艺术史为业的人们无法绕开的领域，它就是希腊艺术的起点，包含了古希腊人的审美观念、艺术内涵和对美的追求。建筑发展史可以分为以下三个阶段：

公元前8世纪～公元前6世纪的古风时期。希腊建筑样式已经固定，并出现在各大有代表性的建筑或建筑群中，而且因为各城邦特殊的民族气质，产生了多样化的建筑样式，爱奥尼亚人城邦形成了端庄秀雅的爱奥尼式建筑；多立安人城邦形成了雄健有力的多立克式建筑风格。到公元前6世纪，这两种建筑样式稳定下来，以风格迥异的柱式体系为特征。

公元前5世纪～公元前4世纪的古典时期，是希腊文化极其繁荣昌盛的时期，大部分蜚声国际的建筑建设于此期，卫城、神庙、露天剧场、柱廊、广场等建筑散见于希腊各地。爱奥尼式和多立克式多见于单一的建筑或建筑群中。雅典卫城建筑群和该卫城的帕特农神庙是古典时期最负盛名的建筑典型。同时，一种新的柱式——富丽堂皇的科林斯柱式出现，主要见于伯罗奔尼撒半岛的科林斯城。

公元前4世纪后期～公元前1世纪，希腊化时期，希腊建筑风格向西亚和北非辐射，同时受到当地原有建筑风格的影响，产生了兼具希腊风格和东方样式的独特建筑。

希腊建筑的一大特点是柱式的演进，虽然就建筑样式而言，其变化较少且内部空间比较简单，但古希腊建筑师成功地使其作品富有艺术感。正如从建造普里厄涅的弥涅瓦神庙而著名的皮提俄斯所说，这需要"建筑师在一切技术和学问中应比由于勤勉和训练而对各个部门均能通晓的人完成得更加优胜"。之前提到的多立克柱式、爱奥尼柱式、科林斯式柱式以及后来出现的女神雕像柱式逐渐成形，也不断地被继承和发扬。这些柱式均以人为模板，从人的外貌、体态、气质出发，按照人体比例来塑造一种由内而外散发的美感。这种构图原则让古希腊建筑独具特色，屹立于人类建筑艺术之林。在古希腊的著名建筑中，帕特农神庙、阿菲亚神庙是多立克柱式的典型建筑；爱伊端克先神庙和帕加蒙的宙斯神坛以爱奥尼柱式为主要建筑样式；列雪格拉德纪念亭全方位地展示了科林斯柱式；女神雕像柱式则被大量运用于雅典卫城的建筑群中。

著名古罗马建筑理论家和美学专家维特鲁威认为，"建筑是由希腊人称作塔克西斯的法式，称作狄阿忒西斯的布置、比例、均衡、适合以及称作奥厄科诺弥亚的经营构成"。其中，法式决定了建筑作品的细部，要各自适合于尺度，作为整体则要设置均衡的比例；布置则是适当地配置各个细部，由于以质来构图，因而做成优美的建筑物；比例指优美的外貌，是组合细部时适度的表现的关系。当建筑细部的高度与宽度配称，而且宽度同长度配称时，也就是整体具有其均衡对应时就达到了"比例"；均衡是由建筑细部本身产生的合适的协调，是由每一部分产生而直到整个外貌的一定部分的互相配称；适合以受赞许的细部作为权威而组成完美无缺的建筑整体，习惯上，如果建筑得内部十分华丽，那么门厅的设计也要处理得协调而优美；经营就是适当地经理材料和场地，并计算和精细地比较工程造价。❶古希腊的建筑无疑达到了维特鲁威所提及的优秀的建筑所具备的上述几点特质。

除了柱式以外，希腊建筑师也创造了其他风格独特的装饰样式，如圆雕、高浮雕、浅浮雕等装饰手法。因此，大部分希腊建筑都呈现出丰富多彩、复杂多变的装饰手法。

（2）古希腊的雕塑。希腊的建筑最有艺术表现力的补充就是希腊雕塑。作为希腊艺术的典范，希腊雕塑体现出以人为本的倾向，人体美和自然美的结合，再加上数字上的和谐，无愧为世界艺术集大成者。古希腊雕塑在整个西方美术传统中占有十分重要的地位。西方美术在很长一段时间内崇尚的写实风格就源自古希腊时期。古希腊雕塑多以人和神的形象为模板进行塑画，除了对人体的几近科学精神的一丝不苟的临摹之外，还以古希腊神话传说故事及人物为主要的创作源泉，这两种素材的结合是古希腊雕塑主要呈现的形象，尤其是其以人的形象塑造神的形象，成为日后西欧文艺复兴运动中艺术创作的趋向。

（3）古希腊的绘画。希腊绘画出现的时间可能更早，但令人惋惜的是这方面的艺术遗产几乎没有留存下来。但一种造型精美、用绘画装饰起来的陶瓶，把工艺、装饰美术和绘画融为一体，则为后人展示了希腊人在绘画方面的造诣。陶瓶的加工在公元前9世纪～公元前8世纪已具有相当的规模，从雅典迪皮隆墓发掘出来的陶器以几何图形装饰，人和动物的形象也呈几何化，因而被称为"几何风格时期"。由于当时交通的闭塞，希腊处于相对封闭的状态，纯粹的几何风格延续了相当长的时期，直到公元前7世纪，由于和西亚、北非等地区的交往日益频繁，陶器上的绘画风格出现了东方色彩，更为写实的人物和牛羊、狮兽、禽鸟的形象取代了相对简单的

---

❶ 维特鲁威，建筑十书 [M]. 北京：知识产权出版社，2001.

几何图案，成为这一时期绘画的主要风格并延续下来。

2. 古罗马的建筑、雕塑与绘画艺术的兴起和发展

古罗马的艺术风格从根本上继承和发展了古希腊的风格，集体阐述如下：

（1）建筑方面，与希腊人崇拜"神"的趋向不同的是，古罗马人更倾向于对世俗的、现实的人的崇拜。这种倾向使古罗马建筑以颂扬人性和推崇享受为主要精神，并借助古希腊已属上乘的建筑风格，发展出一种笼罩在世俗光芒之下的建筑风格，体现了维特鲁威所强调的"规例、配置、匀称、均衡、合宜以及经济"。罗马建筑最具艺术价值的成就包括广场、道路、桥梁、高架输水道等。在柱式方面，罗马人也有所创新，他们改进了希腊人设计的柱式，发展出三种新的类型：为了解决柱式和拱券结构的不协调，罗马建筑师发明了券柱式；结合古希腊的多立克柱式、爱奥尼柱式和科林斯柱式的特点，层层相扣，形成了典型的罗马叠柱式；为了显示宏伟壮观，罗马人发明了以一根柱子穿越几层楼的巨柱式。

（2）古罗马的雕塑艺术也是从古希腊雕塑艺术中发展起来的。古希腊后期，罗马没有本国的雕塑家，罗马人将希腊的许多雕塑作品当作战利品运回罗马，同时召集各国的雕塑家复制古希腊著名的雕塑作品或创作新的雕塑样式。古罗马人在雕塑艺术的传承和发扬光大方面居功至伟。共和时代后期，曾经风行于世的希腊原版雕塑大部分失传，如今在博物馆看到的大部分作品都是罗马的仿制品，包括公元前1世纪创作的写实主义色彩浓厚的《演说者》。古罗马的雕像具有异于古希腊时期的强烈的现实性和叙事性，因此在写实的塑画、人物情绪的掌握、细节的表现方面都比古希腊时期有所加强，尤其是对帝王的塑画，更是融入了当时最高超的创作技巧，且雕像中帝王的神态开始接近神。《奥古斯都雕像》以本人面貌为基础，他手执令牌号令天下，脚边出现了小爱神，胸甲上有寓意性的浮雕修饰，皇帝的威严与神的威严相差无几。这个作品影响了这一时期大部分的雕塑作品，因此后人统称为"奥古斯都风格"。除了肖像雕塑外，浮雕也是重要的艺术形式之一，它被广泛应用于建筑装饰上，如住宅、宫殿、会堂、生活器具、铸币，其图案也以棕榈叶、茅莨叶、花、果实和人物故事为主，最著名的是君士坦丁凯旋门，其保留了罗马帝国各重要时期的雕塑，是古罗马各时期雕塑的精华。

（3）虽然希腊绘画大部分失传，但罗马的大量绘画却幸存下来，以壁画的形式为主，大多来自庞贝和赫鸠娄尼恩的私人住宅和公共建筑的墙壁上。从这两个地方和罗马等地的考古发现看来，罗马人擅长用壁画装饰建筑物。当庞贝古城展现在世人的眼前时，城中建筑的壁画之精美令人感

叹不已。这里的绘画风格大致分为四类：第一，公元前2世纪模仿大理石板造就奢华之感的画风流行于地中海地区；第二，成型于公元前80年，罗马人开始运用空间原则，以绘画为手段，造就平面上的三维效果，扩大了视觉空间，这种风格灵感源自罗马戏剧的舞台；第三，在墙面绘制精美的画框，然后在画框中作画；第四，克劳地亚斯皇帝和尼禄皇帝时代，出现了以上几种风格的杂糅，画师运用空间和平面的原则充分发挥想象力，将日常生活和神话故事巧妙地融为一体。

（二）希腊化背景下的东西方文化交融

希腊化时代是指亚历山大东征后，希腊文化与埃及、美索不达米亚、小亚细亚等东方文化相融合的时期，可以说，从印度到西西里，从咸海到印度洋、到麦罗埃，各种不同的传统、不同层次的文化都参与了希腊化的过程。

在印度，梵语词汇"书""笔""墨水"等与书写有关的词汇都源自希腊语，这表明印度人是在与希腊化地区的书籍贸易中才开始书写的。印度的巴克特里亚自公元前2世纪起发行了一些带有希腊语和印度语的双语货币。在埃及，农业发达的法雍地区一半以上的村庄都是希腊名称。埃及亚历山大图书馆历史悠久，里面收藏了种类繁多的希腊文著作，其中包括希腊最负盛名的数学、哲学、天文学等领域的作品。中国也被认为在希腊化时代受到希腊的影响，发现于塔里木地区的一枚中国人的陶土印章呈现出希腊式图案。❶希腊文化还以排山倒海之势进入罗马，结果罗马人不得不折服于大为领先于自己的希腊文明。许多罗马学者研习希腊文，在著作中大量引用了希腊人的资料。这都说明希腊文化对罗马文化产生了不可逆转的影响。

希腊化实际上是东西方文化融会贯通的结果，东方世界逐步接受了希腊文化，反之亦然，希腊人也开始借鉴东方的优秀文化成果。擅长讲述神话故事的希腊人首先接受了许多东方的神祇，与希腊的神一起作为共同崇拜的对象。托勒密时期出现的崇拜就是从埃及的奥西里斯·阿匹斯崇拜发展而来的，萨拉匹斯的塑像结合了埃及神与希腊神的特征。其次，希腊的天文学吸取了巴比伦天文学的精华，著名天文学家希帕库斯以巴比伦样式为依据制造了更为精确的水平仪。最后，在自然科学、建筑学、历史学方面希腊人也借鉴了许多东方的文化成果。这一时期，希腊本土以及希腊化涉及的其他地区如亚历山大里亚、安条克、帕伽马等城市与雅典一起各领

---

❶ 陈恒. 希腊化研究 [M]. 北京：商务印书馆，2006.

风骚。在这些东方城市中，希腊文化与当地文化相互交融，形成了别具一格的希腊化文化，并辐射到周围地区。埃及的亚历山大里亚可以说是希腊化的世界文化大都市，地中海世界的学者、艺人纷纷到此发挥才华，产生了许多重要的文化人物。自然科学方面有实测子午线的埃拉拖色尼，著有《几何原本》的欧几里得，发现杠杆原理的阿基米德，"古代最伟大的解剖家"赫罗菲拉斯；文学方面有伟大的诗人阿波罗尼乌斯、牧歌之父迪奥克里图斯，因此希腊化时代又被称为"亚历山大里亚时代"。❶

这样的文化融合导致了一种混合的文化背景的产生。简单地说，是在希腊因素主导下，以移民为载体，以城市为依据，以语言为媒介，以贸易为手段而逐渐产生的。首先，希腊至东方世界的移民，将希腊文化最精华的成果传入其他国家。希腊化时代最显著的一次移民活动与亚历山大公元前334年的远征有关。他的军队驰骋西亚并形成了一个流动的希腊——马其顿国家。为了巩固统治，亚历山大推行征服者与被征服者之间的"融合政策"。他远征所及之处都带有各方面的学者和专家，到达巴比伦后他又留下许多科学家在当地档案馆工作，这无疑加深了东西方之间的了解。随着远征顺利进行再加上希腊本土经济的疲软，希腊各城邦兴起了一波又一波的移民浪潮。移民的最高潮在亚历山大大帝去世后的35年间，直到公元前2世纪早期。但移民的确切人数仍无从统计，唯一可以肯定的是，迁移的民众以学者、医生、艺人、工商业者等拥有专门技能的人为主，他们将希腊的优秀文化成果传送了出去。

希腊文明在促进贸易和经济发展过程中所起的作用也是值得强调的。希腊化时代初期，各地实行统一的币制，这有利于打破经济壁垒，促进各国间的商品交换，使希腊与西亚、北非之间的贸易更为便利和频繁。一些仍以原始的物物交换为主的东方国家，在托勒密王朝时期由希腊人引入了铸币，商业活动开始以货币为流通手段。埃及的亚历山大里亚还建立了中央国家银行，并在各州府设立分行。❷贸易也因为有了统一货币体系的加持而活跃起来，并逐渐走向国际化。各地的特产往来于亚非欧大陆，来自西班牙的银、埃及和克里米亚的谷物、雅典的橄榄油、拜占庭的鱼、耶利哥的枣椰、埃及的亚麻、中国的丝绸、米利都的木制品、安纳托利亚的木材、帕罗斯和雅典的大理石、埃及的花岗岩以及印度的糖等商品都在希腊化世界进行大规模的贸易。

---

❶ 陈恒. 希腊化研究 [M]. 北京：商务印书馆，2006.

❷ 同上.

二、中国古代的文化艺术成就

中国古代的书法、绘画、文学和戏剧艺术都成就非凡。书法家以汉字为载体，在点、线的强弱、高低变化中表现人的内心情感和审美情趣，从而形成璀璨夺目的书法艺术。中国绘画在绘画工具、材料、技法、理论上都与西洋绘画有很多不同，是一种可以体现中国人的独特思维和审美，带有浓郁民族特性、极具魅力的艺术形式。在文学艺术方面，诗歌、词、散曲和杂剧、小说都取得了辉煌成就，唐诗、宋词、元曲、明清小说都是文学发展的高峰。中国的戏曲艺术历史悠久，剧种众多，具有独特的艺术魅力，深受中国人民喜爱。清代地方戏的繁荣和京剧的产生，使中国戏曲艺术更加绚丽多彩。

（一）别具一格的书法、绘画艺术

1. 书法艺术的特点和类别

汉字是书法之本，离开汉字，也就没有书法一说。汉字的起源有结绳记事说、伏羲氏画八卦造书契说、仓颉造字说等不同的说法。实际上，文字不可能是一下子经某一个人而突然产生的，而是经过众人之手和较长的演变过程才得以逐渐产生、形成的。真正具有广泛使用价值、比较成熟的文字是出土于河南安阳的殷墟甲骨文，因刻写在龟甲和兽骨上而得名。甲骨文的内容，大部分都是商朝王室的占卜记录，也有少量的记事文字。甲骨文已脱离原始的图画文字形态，是一种相当成熟的汉字。

（1）书法艺术的特点。书法是对汉字进行创造性书写的艺术。作为一种艺术形式的书法，体现着书法家的思想、情趣、修养以及技法等。汉字被创造出来之后，本身就具有了线条、造型方面的形式美和艺术美，汉字的这种形态被称为"本艺术形态"或者"第一艺术形态"。书法是对"本艺术形态"的再创造、再加工，书法家在这个再创造过程中通过活化线条形态、造型形态，使之呈现出更高级的审美效果，从而成为超越"本艺术形态"的"复艺术形态"。

（2）书法艺术的类别。汉字在书写过程中形成了以下五大字体：

①篆书。篆书是我国使用的五大字体中出现最早的文字，包括甲骨文、金文、石鼓文和小篆。金文是铸刻在钟、鼎等青铜礼器上的文字，起源于商代，成熟于周代。青铜器上的识记符号逐渐演变为文字。早期青铜器上的字数较少，一般只有一两个字，后来字数增多，周代就出现了多达数百个文字的鸿篇巨制。早期的金文作品带有浓厚的象形意味，笔画粗细差别大，字的结构比较随意，以长形为主。后期的金文作品则更具观赏

效果，布局安排日趋整齐，出现了横平竖直的"格子"。因为文字都在格子内经营位置，因而整篇的字形大小和单个字的笔画安排都渐渐地讲究匀称。周代以后，金文日趋线条化、平直化、整齐化，到最后已经与小篆非常接近了。《大盂鼎铭》是西周初年的金文代表作之一。石鼓文是我国最早的石刻文字，刻于花岗岩石上，因石墩形似鼓，故名"石鼓文"。字体圆中寓方，匀称适中。石鼓文比金文更注重空间布白，更讲求气势的左右对称，视觉、重量上的左右均匀，更多地讲求字重心的稳重。石鼓文上承西周金文，下启秦代小篆，是由大篆向小篆衍变而又尚未定型的过渡性字体，在书法史上起着承前启后的作用。甲骨文、金文、石鼓文属于先秦篆书，被称为"大篆"。秦统一中国后，统一文字。李斯等人在大篆和秦国文字的基础上简化整理成"小篆"，成为秦朝法定使用的文字。篆书是中国书法艺术发展的源头，其古朴端庄的神韵也是后人汲取艺术营养的来源之一。

②隶书。秦代是中国书法史上承前启后的关键时期，小篆是古文字的终结，而隶书则是文字的开端。隶书的历史可以追溯到战国末期。还有人认为秦代狱吏程邈在因罪而被囚于云阳狱时，整理了隶书，对小篆的笔画和结构进行简化，将圆转改为方折，使文字书写起来更为方便。秦朝灭亡后，小篆逐渐退出实用领域，隶书成为国家法定使用文字而逐渐成熟。

隶书在东汉时已经发展得比较成熟，有人将隶书分为古隶和今隶。成熟的隶书在字形上以扁平为主，结体上左紧凑右舒展；每字皆有一二主笔，主笔较一般笔画粗长，借以平衡字势，宣发笔意；笔画上以"蚕头雁尾"为特征，长画起笔时，回锋隆起，形如蚕头，横波收笔时，顿笔斜起，形如雁尾。成熟的隶书是碑塑的主要字体，《石门颂》《礼器碑》《曹全碑》和蔡邕所书的《熹平石经》代表着东汉隶书艺术的最高成就。隶书上承篆书遗脉，下开楷书之源，笔法变小篆的圆转为方折，是中国书法艺术发展史上的一个重要转折。晋代以后隶书也逐渐退出实用领域，为行书和楷书所取代。

③草书。东汉书法艺术的另外一大贡献是草书。草书在发展过程中主要有章草、今草和狂草三种艺术形式。章草用笔仍沿袭隶书，但已更显圆畅，注重笔画之间的呼应和气势上的贯通。今草脱离了隶书的痕迹，书写时上下牵连，体势一气贯通。狂草又称"大草"，点画连绵书写，字形狂放多变，抒情色彩最浓，其代表作品有唐代张旭的《古诗四帖》和怀素的《自叙帖》等。

④楷书。也称正楷、真书、正书，楷书从隶书简化而来，字形则由扁改方，形体方正，笔画中简省了汉隶的波势，笔画平直，规矩整齐，可

作楷模，故名楷书。魏晋的楷书仍残留极少的隶笔，结体略宽，横画长而直画短，楷书主要以钟繇的《荐季直表》、王羲之的《黄庭经》等为代表作。钟繇的《荐季直表》尚有隶意，但其楷书特征已占据了主导地位，标志着楷书艺术的诞生。王羲之的《黄庭经》，用笔清劲，结体端秀，通篇错落有致，体势生动，为小楷典范，标志着楷书基本成熟。王献之的《洛神赋》则将楷书艺术推向一个新高峰，被后世尊称为"天下小楷第一""小楷极则"，标志着楷书艺术的完全成熟。王献之小楷的代表作《洛神赋》，笔画隽秀挺拔，笔法不再带有隶意，字形也由横势变为纵势，已经是完全成熟的楷书之作。唐代书法家人才辈出，楷书成就极高，小楷、大楷基本定型，书法特点是法度庄严、结构方正，尤以欧阳询的"欧体"，颜真卿的"颜体"，柳公权的"柳体"最为有名，将中国的楷书艺术推到一个新的高峰，均被后世奉为习字的模范。宋元时期是楷书的延伸阶段，书法家开始讲求个性特征，追求作品的美感。赵孟頫的《妙严寺记》是最为成熟的代表作之一。"欧体""颜体""柳体""赵体"并驾齐驱，被称为"楷书四大家"。

⑤行书。是介于楷书与草书之间的一种书体，实质上是楷书的草化或草书的楷化。行书弥补了楷书书写速度太慢和草书难以辨认的弊端，既不像草书那样潦草，也不像楷书那样端正。行书简单易写，较楷书方便，又不像草书那么难认，因此容易通行，是我国最常见的手写字体。行书的写法无一定的规则，字形变化很多，可借助于楷、草的笔法来进行书法创作，发挥艺术效果。如果写得比较放纵流动，草法多于楷法的就叫"行草"；写得比较端正平稳，楷法多于草法就叫"行楷"。行书繁荣于晋代，王羲之的《兰亭序》是行书艺术的典范之作，被誉为"天下行书第一"。《兰亭序》全文笔随情走，浑然一体，布局行笔无着意经营的痕迹。全文骨格清秀，刚柔相济，行气流畅，既无做作，也无拘束。笔法多样，字形各异，显示出高超的艺术功底。

中国汉字的书体从具有象形元素的甲骨、篆书到方块的隶书、楷书，再到流畅的草书、行书，实用性逐渐由强到弱，艺术性逐渐增强。书法艺术以汉字为表现载体，书法家通过点、线的相互组合，用强弱、高低等有规则的节奏变化，使作者的内心情感和审美情趣等得以充分表现。书法艺术不仅是技巧的展现，也是人的精神的体现，正因如此，书法才真正成为一门璀璨夺目的艺术。

2.绘画艺术的兴起和发展

（1）中国绘画的起源可以追溯到新石器时代的彩陶画。仰韶文化及稍后的马家窑文化的彩陶上已经有了人面、鱼纹、蛙纹、鹿纹等较为复杂的纹饰图案。原始时期的绘画除了彩陶外，还有岩画。岩画是在岩穴、石崖壁面和独立岩石上的彩画、线塑、浮雕的总称。

（2）夏商周时期的绘画形式主要有器物上的装饰绘画和庙堂壁画。这一时期出现了所谓的"青铜文明"，青铜器的装饰纹样体现了中国先民高超的技艺和出奇的想象力，饕餮纹、夔龙纹、云纹、雷纹、乳钉纹、蝉纹、象纹等纹饰都具有很高的艺术审美价值。西周、春秋、战国时期都有庙堂壁画创作的情况被记载下来，但如今能见到的先秦绘画遗迹少之又少。在商代的多处墓葬中曾发现残存的彩绘布帛。20世纪40年代和70年代在湖南长沙出土的两幅战国楚墓帛画——《人物龙凤图》和《人物御龙图》，是目前所见最早的绘画作品，因此有人把中国绘画发展史的起点从出土的战国楚墓帛画算起。

（3）秦汉时期是中国绘画风格确立与发展的重要时期，绘画种类有帛画、墓室壁画、画像石（砖）、器物装饰绘画和宫廷壁画。现在能见到的汉代帛画作品都出自墓葬，主要有20世纪70年代在长沙马王堆一号和三号汉墓出土的五幅和在山东临沂金雀山九号汉墓出土的一幅。其中，发现于湖南长沙马王堆一号墓"软侯利苍妻墓"中的"T"字形帛画艺术成就极高，是现存汉代帛画中的稀有珍品。画像石生动描绘了汉代社会的典章制度、衣食住行、神话故事等。古朴深厚的山东画像石以嘉祥武氏祠的画像石最为精美，代表作有《荆轲刺秦王》。泼辣豪放的南阳画像石以塑于建宁三年的《许阿瞿墓志画像石》为代表。清新明朗的四川画像砖则以出土于成都的东汉后期的《弋射收获画像砖》为代表。画像砖是秦汉时代的一种建筑装饰构件。画像砖与画像石并称于世，被誉为"敦煌前的敦煌"。汉代的画像砖题材广泛，内容丰富，是研究两汉时期民风、民俗的宝贵实物资料。

（4）魏晋南北朝时期，绘画形式主要为人物画和山水画。人物画的代表画家有东吴的曹不兴，西晋的张墨和卫协。传世作品有《维摩诘图》《释迦牟尼说法图》等。卫协师从曹不兴，擅绘神仙、佛像和人物故事，曾作大小《列女》，以及《上林苑》《北风诗》等图，是绘画史上从线条粗犷转向画风精细的开启者。东晋以后人物画已臻成熟，有东晋的顾恺之、南朝的陆探微、南齐的张僧繇、北齐的杨子华和曹仲达等名家。尤以顾恺之的绘画享有极高声誉，人称其有"三绝"——"才绝、画绝、痴绝"。现存《洛神赋图》《女史箴图》和《列女图》等都是他作品的摹本，展示了顾恺之的画风和艺术水平。顾恺之也是中国山水画最初的开拓者，其传世画迹中屡屡出现山水树木，他还画了《云台山图》等山水题材的作品，撰有《画云台山记》，记述了其画云台山的山光水色和人物时的情景。这一时期，随着山水画的发展，出现了专门的山水画论，影响较大的有宗炳的《画山水序》和王微的《叙画》。宗炳认为绘画是"以形写神"，是借助形象来传达神韵，这与后代"重神轻形"的绘画理论形成对比，反映出六朝审美观念中对美感形式的重视。王微的《叙画》则阐述了绘画特别是山水画的创作和欣赏问题。这两部山水画理论的出现对后世中国画和中国画论的发展产生了深远影响。

（5）隋唐五代时期，绘画艺术步入繁荣昌盛阶段。具体如下。

①中国人物画进入黄金时代，名家辈出。隋朝的郑法士，初唐的阎立本、尉迟乙僧，盛唐的吴道子、张萱，中晚唐的周昉、孙位，五代南唐的周文矩都成就卓著。阎立本和吴道子代表了这一时期人物画的最高水平。阎立本传世代表作品有《步辇图》，反映了文成公主和松赞干布联姻这一重要历史事件，画面描绘的是唐太宗接见迎娶文成公主的吐蕃使臣禄东赞的情景。吴道子是盛唐画家的代表人物，绘画创作主要是壁画，一生作壁画三百余壁，所画人物、鬼神、鸟兽、台阁等冠绝当时，后人奉其为"画圣"，民间画工尊其为"祖师"。所画人物、衣袖、飘带，具有迎风起舞的动势，故有"吴带当风"之称。现存作品有《送子天王图》。中晚唐时期，随着审美风气的转变，以"丰腴华贵"为美的仕女人物画出现。盛唐的张萱和中晚唐的周昉是仕女人物画家的代表。张萱善画仕女，开盛唐"曲眉丰颊"的画风，与魏晋南北朝崇尚"秀骨清象"的画风大异旨趣。代表作有《虢国夫人游春图》《捣练图》。周昉的代表作有《簪花仕女图》《纨扇仕女图》《调琴啜茗图》等。生活在盛唐的张萱作品多表现贵族妇女的欢乐情绪，生活在中晚唐的周昉的作品则多描写妇女的不幸和苦闷。

②唐代的山水画，以笔法工整、设色富丽为特色，其代表画家为李思训、李昭道父子。而"二李"则直接师承隋代画家展子虔。展子虔《游春图》是我国现存卷轴山水画中最古老的一幅，描绘了一幅春天的场景，开创了山水画较为合乎比例关系的新格局，在山水画发展史上具有奠基的意义。中晚唐时水墨山水画趋于成熟，代表画家有王维、张璪等人。王维的画作《雪溪图》《江山雪霁图》今有摹本传世。张璪善画松石，深受王维水墨山水画的影响。

③唐代中后期还出现了知名的花鸟画家薛稷、边鸾、刁光胤等人。薛稷以画鹤著称，刁光胤善画湖石、花竹、猫兔、鸟雀之类。虽然画艺高超，但其作品多不存，只能从有关文字记载中窥其面貌。曹霸、韩干、韩滉、戴嵩等人所绘的动物走兽等动物画作是花鸟画的一个分支，为唐代绘画增色不少。曹霸所绘之马曾得到诗人杜甫的称颂；韩干也擅长画马，有

《照夜白图》和《牧马图》传世；戴嵩则擅长画牛，与韩干画马并称"韩马戴牛"。

④唐代的敦煌壁画最为有名，代表作有敦煌藏经洞的《引路菩萨图》，敦煌莫高窟的唐代壁画以"经变"故事和"供养人"形象为主要题材，出现了很多特色鲜明的艺术形象。莫高窟112窟的《西方净土变》是盛唐时期的壁画，《反弹琵琶图》是《西方净土变》的一部分，表现了伎乐天伴随着仙乐翩翩起舞，举足旋身的绝技，是敦煌壁画中的代表杰作。《维摩经变》描绘的人物生动传神，是唐代描绘同一题材的作品中，最具代表性的一幅。

⑤唐代的陵墓壁画艺术成就极高。李贤墓的壁画《马球图》《狩猎图》《客使图》，永泰公主李仙蕙墓的壁画《宫女图》，李重润墓的壁画《执扇宫女图》和《阙楼图》极具代表性。《马球图》画面线条精炼，寥寥几笔便勾勒出人物的动态以及马矫健飞奔的体态，是我国马球运动最早的形象纪录。

⑥五代时期花鸟画的成就突出，南唐的徐熙和西蜀的黄筌两位画家的花鸟画风格迥异，相映生辉，人称"黄筌富贵，徐熙野逸"。入宋后"黄体"花鸟画成为院派花鸟画的典范；"徐体"花鸟画则开水墨淡彩和水墨写意花鸟画的先河。

（6）两宋时期的绘画形式主要有文人画、院体画、风俗画、历史故事画，具体如下。

①文人画是这一时期新出现的绘画形式。它以文人士大夫为主要创作者，画中带有文人情趣，画外流露文人思想。苏轼是提出"士人画"概念的第一人，其代表作《枯木怪石图》体现了其不拘形似，追求神韵的绘画思想。北宋文人画家的杰出代表文同则以善画竹著称，代表作有《墨竹图》，他主张胸有成竹而后动笔，成语"胸有成竹"就起源于此。"枯木竹石"往往成为文人画的重要题材，体现出文人们清高的情趣和意境。

②宋代院体画一般指的是翰林图画院及其宫廷画家比较工整细致、富丽堂皇的绘画，多以花鸟、山水、宫廷生活为题材，主要分为院体花鸟画和院体山水画。院体花鸟画是宋代花鸟画的主流，画风清丽典雅。北宋初年的黄居寀、中期的崔白和末期的赵佶是北宋院体画的杰出代表。现存的宋代院体花鸟画的代表作有黄居寀的《山鹧棘雀图》、崔白的《寒雀图》、李嵩的《花篮图》和佚名的《出水芙蓉图》。南宋院体花鸟画继北宋院体花鸟画的余绪，以李迪为代表，传世作品有《枫鹰雉鸡图》《雪树寒禽图》和《狸奴小影图》等。北宋院体山水画最重要的代表人物是郭熙，所撰《林泉高致》是中国第一部完整而系统地阐述山水画创作规律的

著作。现存代表作《早春图》描绘了早春即将来临时的山中景象，画面内容丰富，细微处有呼应，大开合处相顾盼，气势浑成，情趣盎然。

③宋代除文人画、院体画兴盛外，风俗画和历史故事画也开始流行，其中描绘城乡市井平民生活的风俗画以张择端的《清明上河图》最为有名。作者通过对清明节北宋都城汴梁的汴河两岸各阶层人物活动情景的描绘，来反映这一历史时期的社会生活。历史故事画则多借古喻今，委婉地表现时人对当时政治的态度。如李唐的《采薇图》以伯夷、叔齐"不食周粟"的故事为题材，以表彰坚贞不屈、保持气节的志士；李公麟的《免胄图》以唐代名将郭子仪率数十骑免胄亲赴敌营，说服回纥将领退兵这一著名故事为题材；还有《文姬归汉图》《明妃出塞图》等作品表现的则是因战乱和复杂的民族关系而造成的不幸遭遇。这些历史故事画都表现出了鲜明的爱国主义感情和忧患意识。

（7）在元代文人画的各种题材中，山水画的成就最高，对后世的影响也最深远。元代最负盛名，有"元四家"之称的黄公望、王蒙、吴镇、倪瓒都是水墨山水画家。黄公望的代表作有《富春山居图》和《九峰雪霁图》，他花了七年时间完成的《富春山居图》，生动再现了富春江一带的秋初景色。元代文人画家强调以诗入画，在画上题字作诗也蔚然成风。画家用诗、书、画"三绝"来共同构成一幅完整的艺术品，使主题思想更加集中、突出和丰富，这是中国绘画的特殊成就。明、清以后，绘画、文学、书法，加上篆塑印章，称为"四绝"。此外，元代的壁画也比较兴盛，墓室壁画、皇家宫殿和达官贵人府邸厅堂壁画分布很广。最有代表性的是位于山西芮城的道教永乐宫壁画，三清殿壁画绘制于元泰定二年，总面积达到403.34平方米。其艺术成就堪与敦煌壁画相媲美。

（8）明代绘画最大的特点是文人画与院体画相争相融，文人士大夫绘画成为画坛的主流。

①明初出现了继承宋代院体画风的"浙派"，因其开创人戴进为浙江人而得名。代表人物为戴进、吴伟、蓝瑛"三大家"。戴进的《关山行旅图》和《风雨归舟图》、吴伟的《灞桥风雪图》和《东方朔偷桃图》、蓝瑛的《白云红树图》是明初"浙派"的代表作。明代中叶，"吴门画派"在画坛上崛起，打破了"浙派"垄断画坛的局面，逐步取代了"浙派"在画坛上的霸主地位，标志着明代绘画独立面貌的形成。在苏州涌现出以沈周、文徵明、唐寅、仇英为代表的画家群体，称为"吴门画派"，又称"明四家"。该画派的发展进一步完善了文人画的艺术形式，基本上奠定了"文人画"一统天下的局面。沈周的大多数作品都是描绘南方的山水和园林景物，以表现当时文人生活的悠闲意趣。代表作品有《庐山高图》

《沧州趣图卷》《蜀葵图》等；文徵明是"吴门画派"中影响最大的画家，师从沈周，但沈周以"粗笔"为多，而文徵明以"细笔"为多，于繁密中见文秀，其传世作品有《惠山茶会图》《石湖轻胜图卷》《夕阳秋色图》《菊花图》《古木寒泉图》等；唐寅工于诗文书画，是典型的文人画家，其《秋风纨扇图》尽显画家水墨写意的才能，是明代写意仕女画中的上品；仇英的画风与前三人有较大不同，作品以工笔设色的人物、山水为主，传世作品有《春夜宴桃李园图》《柳下听琴图》《桃源仙境图》等。

②在明代文人画与院体画的相互竞争和融合中，明代末年出现了董其昌的"南北宗论"。董其昌是明末山水画坛"松江画派"的代表人物，书法、绘画成就卓越，兼工诗文。他借禅宗的南北二宗比喻绘画，将唐以来的绘画分为"南北"两大宗派，认为文人画体系似禅之南宗，注重天趣；院体画则似禅之北宗，注重功力。"南北宗论"站在文人画派的立场上褒南宗而贬北宗，奠定了文人画在绘画史上的主导地位，一直影响到明末以后的三百多年。

③在明代文人山水画获得发展的同时，文人花鸟画的画法也渐趋粗放。晚明的徐渭，最终完成了水墨"大写意"的体制，出现了水墨大写意花鸟画派。徐渭，浙江山阴（今绍兴）人，在书法、绘画、诗文、戏剧等方面都有较高的造诣。传世作品有《墨葡萄图轴》《杂花图》等。徐渭的绘画在当时并不被人重视，但他对后来的"八大山人"石涛、郑板桥、赵之谦、吴昌硕、齐白石等大家都产生了直接的影响。

（9）清代画坛出现了固守传统与破格创新的局面。

①清初最有名的画家有王时敏、王鉴、王翚、王原祁、吴历、恽格，简称为"四王、吴、恽"或"清初六家"。"四王"画派继承并光大了董其昌的成就，使中国传统山水画臻于完全成熟的境地。"四王"的山水画风也得到清代最高统治者的推崇，被尊为山水的"正宗"，但这样一来也易造成陈陈相因的格局，少有清新气象，最终导致清代山水画走向衰落；吴历则在借鉴和融合前人传统的基础上，逐步形成自己的风格，其作品既有北方山水刚劲雄伟的气魄，又有南方水乡淡雅浑朴的情调；恽格原画山水，因不甘心于王翚之下，遂改画花鸟，成为清初影响很大的花鸟画家，代表作品有《花卉》《梧轩图》《林居高士图》《禹穴古柏图》《南田诗草》等。其别开生面的创新，对后世影响较大，有"恽派"之称。

②清初还有若干画家因为在政治上对清朝统治者持不合作的态度，所以在艺术上利用传统的形式描写真实的感情。石涛、朱耷、髡残、弘仁"四僧"是其主要代表。他们崇尚面向自然、创造革新，反对泥古不化，陈陈相因。画作或表现亡国之恨，或寄寓心中对清室的不满。石涛主

张"借古开今"，强调创新精神，提出"我自用我法""无法而法，乃为至法"的不拘一法的观点；朱耷以写意花鸟画著称，其绘画常常"墨点无多泪点多"，流露出悲愤的情怀。现存作品有《荷花水鸟图》《牡丹孔雀图》《湖石翠鸟图》等。

③乾隆时期是花鸟画艺术发展过程中的一个重要阶段，出现了一些富有个性和创新气息的画家，即有名的"扬州画派"或称"扬州八怪"。"扬州八怪"的名字各书不尽相同，其作品风格，不同于清初的花鸟画家，往往别出心裁、富有个性，突破了传统的美丑界限。"扬州八怪"的绘画题材一般选择梅、兰、竹、菊等题材，借物咏志，发泄胸中的牢骚，与传统文人画的审美标准有一定的距离。"扬州八怪"之中，郑燮诗书画造诣颇高，影响最大，擅画竹、兰、石，代表作品有《丛竹图》。他还创造了一种集楷、草、隶、篆于一体的六分半书体，人称"乱石铺街"体。

④清代末年，上海出现了一些绘画名家，任颐和吴俊卿是其中最杰出者。任颐，同治光绪年间卖画于上海，是一个极有才能的画家。他除了人物、山水以外，在花鸟方面有极其宽阔的表现范围，一改恽格以来花鸟画家只长于花卉，少画禽鸟的风气；吴俊卿，承继任颐以来的新风，以金石篆籀之笔入花鸟技法中，被称为"雄健古茂，盎然有金石气"。二人共同形成了所谓的"海派"。"海派"画家的共同特点是不为一定的成法师承所拘束，能根据自己的感受和对生活的理解，追求新的表现方法和新的艺术风格。在"海派"的影响下，近代产生了齐白石、潘天寿等卓越的花鸟画家。

⑤清代绘画艺术的成就，除了体现在文人画的发展上之外，也体现在宫廷绘画、民间的木塑插图和木版年画的发展上。此外，清代意大利的郎世宁、法国的王致诚、贺清泰带来了西洋绘画的技法，西洋绘画的输入让皇帝和其他宫廷画家感受到了欧洲明暗画法的魅力。清代的绘画艺术，虽有因袭模仿，但在艺术的某些方面仍有所发展和创造。

（二）诗词歌赋独领风骚

1.诗歌的兴起和发展

在谈及中国古典诗歌的源流和传统时，总是"诗""骚"并称。"诗"是指《诗经》；"骚"是指以屈原的作品《离骚》为代表的楚辞。

《诗经》是我国的第一部诗歌总集，收入了从西周初期到春秋中叶约五百多年间的诗歌305篇。这些诗篇的性质实际上就是歌曲的歌词，既有经官方音乐机构收集整理的民间乐歌，也有宫廷、官府为特定的目的而创作在特定场合中使用的乐歌，由《风》《雅》《颂》三部分组成。《诗经》的特点是以抒情诗为主流，奠定了中国文学以抒情为主的发展方向；注重理智，以反映现实世界和日常生活经验为主，具有强烈的现实主义精神和浓厚的道德色彩及政治色彩，如《豳风·七月》《魏风·伐檀》和《硕鼠》等；句式以四言为主，有时根据题材内容和情感表达的需要，又间或杂有二言、九言的句式，使其句式既整齐又灵活；经常采用重章叠句的形式，在重复的章节，意义和字面都只有少量改变，造成一唱三叹的效果，并且在重复中把相承相续、递进而深的情感表达得更为充分；大量运用了赋、比、兴三种表现手法。

楚辞是战国后期，在中国的南方楚地出现的一种新诗体。《诗经》注重反映现实生活，缺乏浪漫的幻想；楚辞则充满想象力，具有较强的个体意识。楚辞使用绚丽的文辞来表现复杂的内涵，表现丰富的思想情感，《离骚》《招魂》《天问》都是鸿篇巨制。楚辞作家以屈原和宋玉为代表。诗歌标题的出现，始于楚辞。

汉代出现了从楚辞演变而来的汉赋。汉赋通过堆砌辞藻，用华丽的文字，整齐的句式，严谨的结构，来表现种种奇特的事物和绚丽的景象，气势宏伟，文学感染力非常强。但同时也存在夸张失实、罗列过度、呆板滞重的缺点，制约了其发展。司马相如的《子虚赋》《上林赋》是汉赋的代表。

这一时期，乐府诗也开始兴起，五言诗萌芽。乐府诗最初主要是指两汉至南北朝时，由当时的乐府机关所采集或编制，用来入乐的歌诗。汉代的乐府诗广泛地反映了汉代社会的现实生活和人民的思想感情，其"感于哀乐，缘事而发"的现实主义精神，上承《诗经》，下开建安诗歌。汉乐府奠定了中国古代叙事诗的基础。中国诗歌一开始是以抒情诗为主的，而现存的汉乐府诗，则约有三分之一为叙事性的作品，虽不足以改变抒情诗占主流的局面，但却能够宣告叙事诗的正式形成。《孔雀东南飞》和《陌上桑》，这两首长篇叙事诗都是汉代乐府诗的杰作。乐府诗开五言诗之先河，其后文人模仿学习创作五言诗，五言诗逐渐成熟而定型，成为中国古典诗歌的主要形式之一。

魏晋南北朝时期，诗歌进一步发展，为唐代诗歌的繁荣奠定了基础。建安诗人忧时伤乱，渴望不朽的功业，创作了大量慷慨悲凉，具有"建安风骨"的诗。这一时期，诗歌的题材范围有所拓宽，陶渊明创立了田园诗，谢灵运、谢朓完成了从玄言诗到山水诗的转变，萧纲等创作了重点表现女性之美的宫体诗，南朝时出现的边塞诗使边塞生活也成为诗歌的一种重要题材。其中，陶渊明的田园诗开创了一个全新的审美领域，在他的笔下，农村生活和田园风光第一次被当作重要的审美对象。其诗朴素、平淡、自然，却又显示出清明淡远的意境。这种美学境界是前所未有且不易达到的。田园被陶渊明用诗的构造手段高度纯化、美化，变成了痛苦世界中的一座精神避难所。

　　唐代，诗歌发展到鼎盛阶段。唐代诗歌的创作主体非常广泛，帝王、高级官僚、中下级官僚、普通士人，乃至有一定文化修养的和尚、道士等各种身份的人，都热情地从事诗歌创作，使诗歌创作在唐代成为一种普遍的社会文化现象。在唐朝的每个阶段，都有一些不因袭前人的杰出诗人出现，他们共同推动着唐诗的发展。

　　初唐的卢照邻、骆宾王、王勃、杨炯，被合称为"初唐四杰"。他们的诗篇充满了匡时济世、建功立业的理想和热情，语言也一改前朝华丽之风，努力向生活靠近。他们的诗歌理论和实践清除了南朝诗歌和唐初宫廷诗风的弊病，为唐诗注入了蓬勃的生命力。

　　唐玄宗开元、天宝年间至安史之乱爆发前，是唐代的鼎盛时期。这一时期，唐诗经过一百多年的准备和酝酿，发展至全盛，成就最为辉煌。盛唐诗歌热情洋溢，豪迈奔放，具有浓烈的浪漫主义色彩，出现了"诗仙"李白等一大批优秀诗人。李白积极进取、豪迈洒脱、敢于挣脱传统束缚的不羁个性，藐视权贵的反抗精神使其诗歌创作具有极高的浪漫主义成就。其作品雄奇豪放、充满大胆奇异的艺术想象，以抒发个人情怀为中心，表达对自由人生的渴望与追求。李白之外，张九龄、孟浩然、王维、王之涣、王昌龄、崔颢、高适、岑参的作品也都各具特色，成就卓越。

　　"安史之乱"的爆发，使唐王朝迅速地由盛转衰，唐诗也随之发生了重大变化。中唐诗歌与时事政治的关联加强，出现了有"诗圣"之称的杜甫。"安史之乱"给人民带来深重的灾难，杜甫深入社会，关切政治和民生疾苦，忠实地描绘出时代面貌。"三吏""三别"组诗，真实地反映出动乱社会的现实，以及人民所遭受的深重苦难，十分鲜明地体现出杜甫诗歌重视写实的"诗史"性质。孟郊、韩愈、元稹、白居易、刘禹锡、柳宗元等其他中唐诗人也都有杰作传世。

　　晚唐时期杜牧和李商隐等优秀诗人崛起，再度开创了唐诗的新局面。晚唐诗人在唐王朝进一步走向衰败的背景下，作品哀婉，作品通过对历史的追怀、对自然的眷念、对爱情的寻求来表达对现实的喟叹、对人世的疲倦和对个人心灵的抚慰。

　　2.词的兴起和发展

　　"词"这一文体专称是后起的。唐五代时，"词"被称为曲词或曲子词。唐代，"宴乐"流行，乐工歌女配合乐曲创作歌词。歌词依乐章结构分布，依曲拍为句，其文字句子长短不齐但有定格。中唐以后，文人参与词的创作，在宴乐场合供给伶工歌女歌唱的"词"很快在文坛上发展起来。晚唐温庭筠的词，标志着文人作词的成熟。温庭筠之后，写词的文人越来越多。五代十国时期，西蜀和南唐词人荟萃，西蜀词人的词，大多数被收入《花间集》中，所以他们常被称为"花间词人"。南唐词人则以李煜最为出色。

北宋初期，宋词的创作尚未进入兴盛阶段。北宋中期，理学逐渐兴起，理学家们认为文与道的关系是"文以载道"，文是治国平天下的工具，主张"以道统文"，北宋诗歌因而走上"雅正"道路，较少去表现纯粹的个人生活情感，特别是男女恋情。在这种情况下，词以其娱乐性和较少拘谨的地位，补充了诗的不足，获得意外的发展。再加上宋代的城市经济繁荣，商业和娱乐业发展迅速，繁华的都市生活滋生了各类以娱乐为目的的文艺形式，民间的娱乐场所需要大量的歌词。社会对词作的广泛需求，激发了词人的创作热情，促进了词的繁荣和发展，使词成为宋代最引人注目的文学样式。

北宋的词以柳永和苏轼最为出色。柳永的词婉约动人，苏轼则开豪放词之先河。南宋时期，李清照继承和发扬了柳永一派的婉约风格，辛弃疾则继承和发扬了苏轼开创的豪放词风。李清照还提出了词"别是一家"的理论，从本体论出发进一步确立了词体独立的文学地位。

宋代以后，词并未完全衰退，清代还曾呈现出中兴之势。清词的复兴，体现了词强大的艺术生命力。

（三）中国戏曲的兴起和发展

中国戏曲艺术历史悠久，剧种众多，具有独特的艺术魅力，深受中国人民喜爱。中国古典戏曲在世界剧坛上也占有独特的位置，其与古希腊悲喜剧、印度梵剧并称为世界三大古剧。中国戏曲艺术从酝酿、萌芽到形成并逐步走向成熟，经历了一个漫长而曲折的历史发展时期。

先秦时期，原始的戏剧因素开始酝酿、萌芽。远古朴素的歌舞形式，雍容典雅的庙堂舞蹈，独具神秘魅力的巫歌巫舞，"优"的惟妙惟肖之装扮表演，都成为我国古代戏剧可以追溯的最早源泉。远古时代已经产生了古朴的原始歌舞，如反映人们狩猎生活的狩猎舞、模仿战争场面的战争舞。国家出现以后，歌颂统治阶级文治武功的庙堂舞蹈和祭祀舞蹈，有舞、有乐、有歌，歌舞一体的表演形式，对中国戏剧艺术的形成产生了深远的影响。这一时期，还存在祭拜神灵时，以载歌载舞形式乐神、娱神的"巫歌巫舞"。此外，先秦时期，以吹打演奏或歌舞表演为职业的"倡优"和以语言动作从事滑稽表演的"俳优"都已出现，他们的表演已经包含了歌、舞、做、念、打等多种中国古典戏剧的主要构成要素。

两汉、魏晋南北朝时期的百戏表演对我国戏剧的最终形成产生了深远的影响。"百戏"是对当时的杂技、武术、幻术、角斗、气功、滑稽表演、音乐演奏、歌舞演唱、假形扮饰等多种技艺表演形式的总称。百戏最初多在民间表演，因其散在民间各地，故又称"散乐"。后来，百戏进入宫廷，在上层阶级中也非常流行。演出和观看百戏成为汉代招待外宾的重要活动，长安、洛阳等地还设立了专供表演百戏的大场子——平乐观。歌舞百戏外，傀儡戏和影戏也出现并发展。汉魏以来的乐府歌舞表演也推动了戏剧的产生，有简单故事情节的乐府民歌入乐演唱并伴有舞蹈。

　　隋朝统一全国后，南北的各类表演技艺得到融合，歌舞、乐舞、杂技等所谓的"散乐"出现了空前的繁荣局面。唐代出现了用声歌、舞蹈来传达故事内容的"歌舞戏"和以戏谑滑稽的说笑、搞笑的动作进行表演的"俳优戏"。"歌舞戏"以《踏摇娘》为代表，"俳优戏"以"参军戏"为代表。参军戏中有参军和苍鹘两个角色。参军戏可就地取材，即兴表演。"参军"和"苍鹘"可谓是我国最早出现的戏剧角色名称。唐代的"歌舞戏"和"俳优戏"是中国戏剧的雏形，二者相互渗透影响，为中国戏剧将歌舞、科白、表演融为一体这一基本格局的形成奠定了基础。唐代的说唱艺术，以边说边唱的讲唱方式讲述长篇故事，则为戏剧的产生提供了文学基础。

　　宋代，随着商品经济和市民文化的繁荣，开始出现专供艺人表演节目的场所——瓦舍。在瓦舍里，人们可以常年欣赏到讲史、小说、说唱故事以及傀儡戏、影戏、武艺、杂技、滑稽笑话等众多技艺表演形式。在勾栏、瓦舍这样的固定演出场所中，演员和观众也得以固定化，还有职业的剧作家进行脚本的创作，促使中国古代戏剧最终成形，宋杂剧和金院本出现并迅速繁荣起来。

　　宋金时期流行的一种说唱文学"诸宫调"也与中国古代戏剧有着较深的血缘关系。宋代说唱艺人总结了隋唐以来的我国古代乐曲，将这一时期的大曲、词体歌曲、鼓子词，乃至民间乐曲等，根据声律之高低，归入各个不同的宫调。然后，把叙事文学与音乐相结合，根据故事情节的需要来选择、连缀不同的宫调、曲子。演唱时，不再限于一支曲子，也不再限于一个宫调，而是随着故事情节的起伏更替宫调曲子，用音乐渲染故事。诸宫调成就最突出的是《西厢记诸宫调》。

　　北宋末叶，南戏在中国南方地区兴起。南戏的产生标志着我国戏剧走向成熟。南戏情节曲折，表现形式丰富多样，综合了歌唱、念白和动作等表现手段。南戏带有浓厚的南方地方文化色彩，多用江南方言和南方曲调，因而较为轻柔婉转，细腻妩媚。较早的南戏剧目有《赵贞女》《王魁》《张协状元》等。南戏在艺术上虽然还是比较粗糙，但已具备了中国戏曲的基本特征。

元代以宋杂剧和金院本为基础形成了元杂剧。元杂剧融合了宋、金以来的音乐、说唱、舞蹈等艺术形式，承袭了唐、宋以来词曲和讲唱文学的传统风格。元杂剧最初流行于北方，以元大都为中心。元灭南宋后，元杂剧发展成为全国性的剧种。元杂剧的兴盛，不仅奠定了我国戏曲艺术的基础，标志着中国戏剧的真正成熟，而且使大众文学获得了同诗词歌赋等雅文学同等的地位，在文学史上也有着划时代的意义。这一时期，兴起于南宋的南戏仍活跃在南方民间，与北杂剧交相辉映。元代南戏中的《荆钗记》《刘知远》《拜月亭记》和《杀狗记》被称为"荆、刘、拜、杀"四大传奇。从元末明初到清中叶，南戏取代北杂剧的地位，成为戏曲创作的主要形式，明清以后称之为"传奇"。

"传奇"是明清戏剧的主流。"传奇"一名最早是唐代"传写奇事，搜奇记逸"的文言小说的指称。宋元时期，不少戏剧作品或内容取材于唐传奇或技法模仿于唐传奇，因此也将南戏、北杂剧、诸宫调等称为传奇。明代传奇则特指在宋元南戏基础上发展形成的长篇戏曲，其声腔也有所丰富与发展。宋元南戏本来是用温州地方腔演唱，后来传播到江南等地后，与当地的曲调、方言相结合，到明初就逐步形成很多的地方声腔系统。其中最为流行的"四大声腔"是海盐腔、余姚腔、弋阳腔和昆山腔。海盐腔，形成于元代，诞生地在浙江海盐。余姚腔形成于浙江余姚。弋阳腔和昆山腔流传最广、影响最深远。弋阳腔形成于江西弋阳。据清代李调元《剧话》记载："弋腔始弋阳，即今'高腔'，所唱皆南曲……向无曲谱，只沿土俗，以一人唱而众和之，亦有紧板、慢板。"弋阳腔粗犷豪放，有浓重乡土气息，无弦索和管乐伴奏，主要以锣鼓伴奏，没有曲谱，可以随心入腔而不必合调，演唱自由灵活，方便吸收民间小曲和北曲，被称作"俗唱"；昆山腔，又称昆曲、昆剧、昆腔，元末形成于苏州附近的昆山，是明代中叶至清中叶戏剧界最大的声腔剧种。昆山腔讲究字清、腔纯、委婉细腻、流利悠远，将弦索、箫管、鼓板三类乐器合在一起，建立了规模完整的乐队伴奏。昆山腔典雅、轻细的风格和弋阳腔粗犷、豪放、通俗性的风格，形成了中国戏曲内部的两种不同走向。《浣纱记》的演出，使昆山腔成为全国性剧种，被称为"官腔"。

清代地方戏的繁荣和京剧的产生，标志着中国戏曲进入新的发展阶段。从明代中叶到清代初期，昆曲因其唱腔优美和剧目丰富，一直在剧坛中占优势。康熙、乾隆时期，地方戏纷纷出现，以其独特的风格，深受观众喜爱，出现了地方戏和昆曲一争高下的局面。二者的竞争也被称为"花部"与"雅部"之争。乾隆年间，各地造诣较高的剧种纷纷进京演出，在北京与昆曲争奇斗胜。首先，弋阳腔在北京的分支高腔与昆曲争胜，最终取得优势，压倒昆曲；然后秦腔表演艺术大师魏长生进京，与昆、高二腔争胜，大有压倒后者的势头；接着，四大徽班进京，把二黄调带入北京。通过竞争，地方戏在京城取得了绝对的优势。

在昆曲、京腔、秦腔、徽调、梆子腔等各种声腔的相互竞争、相互吸收中，一个新的剧种——京剧形成。京剧是以徽调的二黄调为主，吸收了汉剧的西皮调，以及昆曲、秦腔和其他剧种的声腔和表演艺术的优点而形成的一个新剧种。同治、光绪年间，出现了名列"同光十三绝"的第一代京剧表演艺术家和不同流派的宗师，标志着京剧艺术的成熟与兴盛。此后，经过无数艺人的不断努力和发展，京剧逐渐流行到各地，成为影响全国最大的剧种。由于京剧是当代中国戏曲最有代表性的剧种，所以又被称为"国剧"。京剧有"生、旦、净、丑、杂、武、流"七行；服装以明代服饰为基础，不分朝代、地域和季节；脸谱色彩斑斓，富于表现力；表演艺术虚实结合，精致细腻；唱腔悠扬委婉，声情并茂。

除京剧外，清朝还出现了秦腔、黄梅戏、川剧、粤剧等其他剧种。秦腔由民间流行的弦索调演变而来，流行于陕、甘一带。陕、甘一带古为秦地，故称"秦腔"。康熙至乾隆、嘉庆年间，秦腔盛行。秦腔的唱腔分为欢音、苦音两大类，欢音长于表现喜悦、欢快的情绪，苦音长于表现悲愤、凄凉的情感，依戏剧情节和人物需要选择运用。

第六章　英语语言文化与文化差异探究

不同的国家有不同的文化习俗，而每一种语言都反映不同的文化习俗。学习一门外语不仅要掌握语音、词汇、习语和语法，还要了解其社会文化，以及不同的文化之间存在的差异。本章重点探讨文化差异对英语语言教学的影响、英语报刊对英语语言文化的传播作用以及文化生态视角下中外文学互译的差异。

第一节　文化差异对英语语言教学的影响探究

英语是一门语言，要注重理论与实践并重的教学构建。由于文化背景的不同和中西方语言文化的差异，使得英语语言教学要重视文化差异，从而提高英语教学质量，促进学生积极有效地学习英语。❶

一、英语教学受中西文化差异影响

在全球一体化发展的大背景之下，英语作为全球语言，已成为高校开设的重要外语课程。在英语语言教学中，中西文化差异对语言教学所形成的影响非常显著，特别是交际习惯的差别、风俗习惯的不同，以及社会关系的差异，都会对英语语言教学造成影响，因此就要强调跨文化视角下的英语教学的构建。

（一）习惯差异对英语教学产生的影响

在不同的文化背景下，思维模式存在较大的差异。学习英语语言，要特别注意中西方交际习惯的差别。在不同的语境之中，某些词句的差别较大，若被忽视，极易造成语义上的矛盾冲突。不同的文化背景，形成

---

❶ 张勇先.英语语言文化概览：英语发展史研究 [M].北京：中国人民大学出版社，2018.

了不同的交际规则，这就要求教学中应尊重文化差异所带来的不同交际习惯，以便更好地沟通交流。例如，在英美国家，打电话的过程中，首先是报出自己的姓名"Hello，This is某某，Is that某某"。这样的交际习惯，显然与中国人存在较大差异。在中国见面打招呼时会说："您吃了吗？"（Have you had your meal？）有时也会说："您去哪儿呀？"（Where are you going？）；在西方见面时则说："Good morning、Good afternoon、Good evening"；如果是和熟人打招呼就是："Hello！""Hi！"或者"How are you？"如果用中国人的打招呼方式去和西方人说话就会引起对方的误解，也许认为你想请对方吃饭之类。在西方，人们打招呼通常说的是天气、健康状况、交通、体育以及兴趣爱好。在中国，一家人之间很少用"谢谢"，如果用了，听起来会觉得有距离感，不亲近。但是在西方，"Thank you"几乎用于一切场合，家人之间、兄弟姐妹之间、朋友之间、与外人交流，都会说一声"Thank you"。在公共场合，不管别人帮你什么忙也都要道一声"Thank you"，这在西方是最起码的礼貌。因此，在英语教学中，要引导学生注重习惯差异所造成的影响，尊重交际习惯的差别。只有这样，在交际过程中如果遇到这些局面，才不会产生尴尬的情况。❶

（二）风俗差异对英语教学产生的影响

风俗习惯是文化的重要表现内容，不同的文化积淀，会形成迥异的风俗习惯。因此，中西方风俗习惯的差异也要求在英语语言教学中，应注重其差异所带来的影响。比如，在中国人的风俗习惯中，"谦虚"是一种优良品质。当别人夸奖自己时，会谦虚地说道："过奖了，你也很不错。"而在英美人看来，对于别人的夸奖，应该干脆直接地回答"Thank you"。在中方的婚礼上，讲究"三拜""大红的喜庆"；而在西方人的婚礼中，讲究庄重，没有大红喜字，女士要穿白色的婚纱，男士一般是黑色的礼服。在西方，对不认识的陌生人要用Sir来称呼男士，用Madam来称呼女士。平时，称呼自己的老师不想中国是"姓+老师"的形式，而是在男老师的称呼前加Mr，在女教师的称呼前加Miss。

中国和西方国家的文化差异还显著地表现在节日方面。除了大家共同的节日——新年，中西方还各有自己独特的节日，比如，在中国，有the Dragon Boat Festival（端午节），Mid-Autumn Day（中秋节）等；在西方国家有Valentine's Day（情人节），Easter（复活节），April Fool's Day（愚

---

❶ 苗馨，赵联武.文化差异对英语语言教学的影响分析[J].山东农业工程学院学报，2018，35（10）：130-131.

人节），Mother's Day（母亲节），Thanksgiving Day（感恩节）等。在中西方节日里也有不同的风俗习惯，比如，收到朋友的礼物时，中国人一般不会当面拆开礼物。而在西方，人们总是会直接打开并且欣然道谢。因此，从文化思维而言，风俗习惯的差异对英语语言的教学影响较大，需要引导学生熟悉风俗习惯的差异之处，让文化差异在语言交流中得到更好地处理，避免产生不必要的误会。

（三）社会关系差异对英语教学产生的影响

在中国社会，社会关系等级相对比较严格，这就与西方国家存在较大差别。在英、美等西方国家，"uncle"指代的就是伯伯、叔叔和舅舅。在英国家庭中，孩子可以直呼长辈的名字，这在中国一般为不敬。此外，在中国父母眼中，子女即使成年，仍要为其操心；而在西方国家，子女一旦成年，便需要自己打工赚钱交学费、生活费，这与中国的亲情关系网络存在较大差异。因此，社会关系的差别，决定了不同的语言文化背景，对语言情感的表达存在差异。在英语语言教学中，必须要重视由于不同社会文化所形成的社会关系用语差异，给学生们讲解到位，增加英语教学的知识性。

二、以文化教学促进英语语言教学

文化差异对英语语言教学的影响十分显著，这就体现了融入文化教学的重要性。文化教学的有效融入，可以优化英语教学模式、创新教学思维，为英语语言有效教学的实现夯实基础，提高英语语言教学的质量。

（一）在英语教学中导入文化差异内容

在英语语言教学中，应践行生本理念，以学生为主体，通过学生的自我对比、文化差异内容的导入，在英语教学中努力渗透文化教学。首先，教师在教学中，应基于文化差异，让学生重点掌握相关的词汇、语句，以便于更好地处理文化差异对教与学所造成的影响；其次，教师要引导学生通过自我对比，去感受和体验文化的不同所形成的语言差异；再次，教师在课堂教学中，应导入中西方文化差异的内容，让学生在日常的学习中，能够潜移默化地感知，加深对知识的理解，并内化成为自己的技能；最后，学生也要加强知识积累，能够充分利用课余时间，去查找书籍、收集资料，去关注中西方文化的不同，加强自己对西方文化的了解。

（二）理论结合实际，优化教学方法

对于英语语言教学，应注重理论与实践并重的教学组织形式。因此，为了更好地开展语言文化教学，教师应转变教学方法，以开放式多元化的英语课堂，强化学生的英语学习。首先，教师应利用多媒体资源，开展多媒体教学，通过放映有关西方人的生活短片，强化学生对西方文化的了解，并且通过观看短片的方式，锻炼学生的听力及口语能力，更加真切地感知西方人的生活；其次，教师应创设语言情境，引导学生能够在情境中更好地表达情感，感受文化差异对语言的影响；最后，教师应引导学生充分利用学习资源，如图书馆、网络等，也可以引导学生去阅读一些英美杂志，进一步提高学生的兴趣，使他们积极地去了解西方人的文化特点及风俗习惯。这样的教学形态，能够有效培养学生跨文化交流的能力，消除文化差异对教与学的影响。

（三）积极开展实践活动，拓宽学习思路

在英语文化教学中，教师应尊重英语学科的特点，积极开展实践活动，将文化教学更好地渗透到学科教学之中。教师应针对文化差异，开展"专题性"活动，通过实践活动的方式，让学生能够在实践中更好地体会中西文化差异，提升跨文化交流的能力。在教学中，教师可以邀请外籍教师，在课堂上讲述西方人的生活习惯，并通过竞赛活动，提高学生对知识内容的掌握。通过各种实践活动，让枯燥的英语课堂活跃起来，也让学生更好地注意并处理文化差异所带来的语言障碍。教师也可以开展"电影配音"活动，让学生为原版电影配音，进而在有趣的活动中，提高学生学习英语的兴趣，也能够让学生在实践活动中，更好地掌握英语的文化背景及基础知识。

第二节　英语报刊对英语语言文化的传播作用解析

英语报刊包含着大量的英语语言文化信息，可以帮助读者提高自身的英文水平，还能更加了解英语国家的政治、经济、社会风俗等多种文化信息。此外，一些英语报刊知识面广泛，内容新颖，反映了西方人的思维方式和行为习惯，读者阅读的过程也是对英语语言文化认知、理解的过程。❶

---

❶ 李薇.英语语言文化传播路径探析——评《英语语言与文化》[J].新闻爱好者，2018（9）：21–22.

一、英语报刊对英语语言文化传播产生的影响

英语报刊不仅是一种传播媒介，还是传播一个国家语言文化的重要载体。自改革开放以来，我国掀起了学习英语的热潮。相对于其他报刊而言，英语报刊具有文章篇幅小、内容承载量大等优势，且多数英语文章因为篇幅原因，更注重交流的实用性。这意味着英语报刊为了突破单篇文章信息内容承载量的制约，会尽量呈现一种"原汁原味"的英语语言文化。语言是文化的外在表达方式，若要深入了解一个国家的文化，离不开对该国语言文化的学习。

在英语报刊传播英语语言文化的过程中，有两个主要的影响因素：一是社会政治形态和文化基础因素；二是报刊的呈现方式，如翻译、排版等。第一个因素对英语语言文化传播的限制作用较大，因为学习者若对英语国家的文化不了解，即便掌握丰富的英文词汇、拥有准确的英文发音，在阅读英语报刊时仍会遇到一些无法解决的问题。第二个因素则能促进英语语言文化的传播，例如，翻译准确能够起到事半功倍的效果，排版精美则会吸引更多的读者关注。为此，读者在阅读报刊时，应重视对英语国家文化的学习，这样才能体现英语语言文化传播的实效性。❶

尽管英语报刊在传播英语语言文化的过程中，受到了文化理解差异的制约，但学习者依然能在较大程度上理解报刊中的英语语言文化。原因在于：一是人类的共性特征，人类在生产和生活过程中，会产生一定的相似特征，英语报刊的信息传播，虽然折射出英语国家的民族文化思维，但同时也展示了人类文化思维的逻辑性框架，这一点是英语报刊促进英语文化广泛传播与认同的重要基础。二是英语语言文化作为文化形态的一个因子，与其他语言文化也存在共性，因而人们在阅读英语报刊时，也能较容易地理解其中的文化成分。

二、英语报刊在文化传播中的积极意义

（一）有利于推动英语语言要素的传播

英语报刊作为英语语言的一种承载形式，对传播英语语言要素起到了重要的推动作用。具体如下：

---

❶ 崔晓晋. 英语报刊对英语语言文化的传播作用 [J]. 新闻战线，2016（18）：37–38.

1. 英语报刊促进了英语语言功能的传播

语言功能是指通过语言形式所表达的思维、认知等功能。英语报刊能够将英语语言文化中的思维特征呈现出来，这正是语言传播功能的最好体现。

2. 英语报刊促进了英语语言符号的传播

英语作为一种语言体系，具有天然的符号特征，即一些语句是有特殊句式构造和语法意义的。大多数人在阅读英语报刊时，喜欢对一些语句进行本土化的翻译修饰，但若严格遵循英语语言的符号文化功能，就更能保留英语语言文化的传播特征。

3. 英语报刊促进了英语语言性质的传播

英语语言性质指的是英语的社会性、民族性和工具性，即英语是英语国家民众心理的一种呈现。

（二）有利于构建跨文化传播的媒介空间

英语国家的文化源远流长，在世界文化体系中独具特色，在英语报刊中能大量地体现出其语言文化的逻辑思维。不同的英语报刊折射出不同地区或民族的文化思维，同时也较为全面地呈现了文化思维的整体性。很多英语报刊的思维特征通常呈现出直线性，这也间接地表明英语语言文化具有直线性的特点。当然，英语语言的跨文化传播离不开一定的传播媒介，而构建多元化的媒介认同空间，则是英语报刊语言文化传播的必经之路。

随着信息时代的发展，英语报刊作为大众传媒的一个重要领域，本身就承担了跨文化传播的重要职责，同时也是传播英语语言生态文化的基础性因素。跨文化传播虽是一种常见的文化现象，但一个国家的文化能否展示出强大的生命力，与所在国家的文化形态认同和文化影响密不可分。英语国家大多为发达国家，经过几个世纪的发展，在世界范围内已形成了较强的文化形态认同。在这种情况下，英语报刊在构建多元文化媒介空间时，会具有更为便利的条件，更能促进英语语言文化的传播及世界文化的多元化发展。

（三）有利于英语国家民族文化的传播

不同文化之间的交流主要围绕实用性、理论性和民族性几个方面，其中民族性在英语报刊中体现得最为明显。对于这种现象，英国经济学家司多雷曾予以批判，他在《英国民族文化与权力文化的消退》一文中指出，美国资本已成功操纵了英国的民族文化产品，将美国的民族文化强加于英国，势必会威胁到英国民族文化。尽管司多雷对美国民族文化的扩张式传播予以了批判，但不可否认的是，人们在阅读英语报刊时，无论是传递信息还是接收信息，都产生了传播行为。

例如，多数英语报刊的文章从篇幅结构上来说，内容都具有相对的独立性，通常每个段落都会围绕一个核心思想。段落的核心思想一般出现在段落开头第一句，对于这种方式，读者在阅读英语报刊时，即便有意识地选择内容进行阅读，只要接收了段落开头的信息，就已经受到一次英语国家民族文化的冲击。

（四）有利于促进文化交流

报刊具有时代性特征，即体现时代风貌，向读者展示时代特征。英语国家经济发达，生活主题和时代主题更新速度较快，表现在报刊内容上也具有较强的时代感。英语报刊在全球范围内的发行和传播，本身既是一种正常的文化碰撞，同时也是富含时代内容的深入交流。

随着全球化的发展，人们通过传播媒介所接收的文化信息，超出了本地文化所能承载的容量，所以提高文化传播的速度、打破地区对文化交流的限制，已成为文化全球化发展的一项重要内容。英语报刊是一种传统媒介，在促进英语文化全球化传播过程中，应体现出以下特点：

1. 尽可能通过简单文字来表现更多的英语语言文化信息

例如，受地区文化差异的影响，一些英语报刊原汁原味的翻译可能出现多数读者理解不了的现象，而采用通俗性的表达方式则能提高读者的理解能力。

2. 使用快捷流利的英语语言，让更多读者了解报刊的文化内容

例如，考虑到英语报刊传播时间和空间的限制，一些报刊广泛使用简短精悍的语句，通过简明的语言文字来表达复杂的句法概念，强化了报刊的信息承载量。

总之，英语报刊在英语语言文化的传播过程中起到了重要的作用，同时也推动了世界文化的交流与发展。英语报刊能够充分发挥文化传播作用，通过不同主题和背景的文章全面推广英语语言文化，并在宣传本民族文化的同时，尽量与其他国家和民族达成相似的文化心理认同，从而减少英语语言文化传播的阻碍。

第三节　文化生态视角下中外文学互译差异分析

文学作为文化的表现形式之一，在其跨区域传播的过程中就应格外注意文学作品中蕴藏的文化因素，文化因素在整个文学作品翻译和传播中起着举足轻重的作用。正确认识各民族间文化差异有助于提高翻译作品的质

量，同时在促进各民族文化交流方面也至关重要。❶

一、动物引申义的不同理解对中外文学翻译产生的影响

　　每一个民族都有自己特定的文化，翻译文学时除了涉及语言差异外，更多的是特定文化的差异。比喻能使语言表达更生动形象，英汉两种语言当中都存在大量的比喻，每个国家都有自己一些约定俗成的比喻意向。乌鸦在中国人的认知里往往是负面的形象，看到乌鸦会联想到悲情，作者也习惯于用乌鸦来营造阴森的气氛，乌鸦常常在民间预言并见证一个人死亡的全过程，而且会散播各种不祥的信息。加上乌鸦本来就一身黑羽，自然少不了以神秘阴冷的形象走进人们的内心世界。汉语里的"乌鸦嘴"就是形容某人的嘴巴特别可恶，好事说不灵，坏事一说就灵。而在一些西方国家，比如，英国，乌鸦则拥有很重要的地位。猫在中国人心目中是正面形象，人们习惯把猫用在亲昵称呼上，比如，亲昵孩子时会称为"小馋猫儿""小懒猫儿"，猫通常用来比喻可爱的形象。而在西方文化中，猫则被看成是"城府过重的女子"。

　　再比如，中国人用老鼠来形容人的胆子小，汉语里习惯说"胆小如鼠"，而在西方，人们则用"Chicken"来形容人胆子小。中国人"力大如牛"，而英国人则用"Fiddle"比喻一个人强壮。龙是中国人的图腾，它代表了我们民族的一种精神。汉语系统里龙有吉祥的联想，比如"龙腾盛世""龙马精神""龙颜大悦"，而龙在西方则被看成是一种怪兽，在他们眼里龙是邪恶势力的形象，是一种极其恐怖的动物，应该被集体消除。早期的英语文学作品《贝奥武甫》里，主人公在最后一次冒险里就是与一个龙争斗。《圣经》里，龙也是邪恶的象征，是反面形象，龙的出现往往和恐怖相联系。在中外文互译的过程中，一定要准确把握这些名词的引申含义，这样才能使语言文学更地道。

二、思维方式不同对中外文学翻译产生的影响

　　西方文化崇尚个人主义，主张人物分离，这种思维方式可以追溯到苏格拉底开创的思辨方式。中国人受儒家思想的影响，主张中庸，以和为贵，在思维方式上追求人与自然和谐统一的境界。因此西方人的思维和

---

❶ 王玉凤. 文化生态视角下中外文学互译差异比较 [J]. 语文建设，2013（21）：47-48.

中国人有很多不同之处。文学翻译当中应该注意中西方人在文学表达之上的差别，中国人讲究意境之美，重在写意，在语言形式上讲求对称和谐之美。在西方，文学艺术的表达重在对事物的客观呈现，讲究思维逻辑的严密性，结构的完整性。比如 "The West Lake is like a mirror, embellished all around with green hills and deep caves of enchanting beauty." 此句翻译为汉语后便是 "西湖如镜，洞壑幽深，千峰凝翠，风光绮丽"。

中国人的主食为米饭，而西方人则是面包。所以在翻译的过程中就要结合当地文化，比如，"粗茶淡饭" 翻译成 "bread and water"。"家常便饭" 则翻译成 "bread and cheese"。

再比如："One can not make an omelet without breaking eggs." 汉语如果翻译成 "不打破鸡蛋做不成煎饼"，就很不地道，译成 "巧妇难为无米之炊" 则更加有味道。还有对颜色的使用也有很大差异。汉语 "黄色影片"，英语则翻译成 "blue film"；中文中的 "红茶" 翻译成英文不是 "red tea"，而是 "black tea"；"brown bread" 不是 "棕色面包"，而是 "黑面包"；汉语的 "青天" "青衣" 同是一个 "青" 字，但翻译成英语则分别为 "blue sky" 和 "black dress"；中文里的 "黑眼睛"，英文翻译为 "dark eyes"；英文的 "black eyes"，汉语则翻译为 "挨打后出现的黑眼圈"；汉语中的 "红眼病"，英语翻译为 "green eyes"。

中西文化在表示 "感谢" 或 "赞扬" 时也有差距，比如，听到别人对自己的赞扬，西方人会乐于接受赞扬，而中国人则表现出谦逊，中国人回答的 "哪里哪里，过奖了"，翻译成英文也应该是 "thank you"。

参考文献

一、著作类

[1] 陈恒. 希腊化研究[M]. 北京：商务印书馆，2006.

[2] 陈原. 社会语言学[M]. 上海：学林出版社，1983.

[3] 邓炎昌，刘润清. 语言与文化：英汉语言文化对比[M]. 北京：外语教学与研究出版社，1989.

[4] 关世杰. 跨文化交流学：提高涉外交流能力的学问[M]. 北京：北京大学出版社，1995.

[5] 何培忠. 当代国外中国学研究[M]. 北京：商务印书馆，2006.

[6] 胡曙中. 语篇语言学导论[M]. 上海：上海外语教育出版社，2012.

[7] 贾玉新. 跨文化交际学[M]. 上海：上海外语教育出版社，1997.

[8] 教育部高等教育司. 大学英语课程教学要求[M]. 上海：上海外国语教育出版社，2007.

[9] 李庆本，毕继万，李楠，等. 中外文化比较与跨文化交际[M]. 北京：北京语言大学出版社，2014.

[10] 刘兆兴. 比较法学[M]. 北京：社会科学文献出版社，2004.

[11] 涂靖. 大学英语写作教程[M]. 上海：上海交通大学出版社，2017.

[12] 汪士彬. 大学英语四级考试写作与翻译[M]. 北京：外语教学与研究出版社，2009.

[13] 谢放. 中外文化发展历程[M]. 长春：长春出版社，2013.

[14] 张勇先. 英语语言文化概览：英语发展史研究[M]. 北京：中国人民大学出版社，2018.

[15] 张玉娟，等. 新世纪实用英语写作[M]. 3版. 北京：外语教学与研究出版社，2013.

[16] 朱景文. 比较法总论[M]. 北京：中国人民大学出版社，2004.

[17] 卓大宏. 英语口语表达技巧[M]. 广州：世界图书出版广东有限公司，2015.

二、期刊类

[1] 毕文娟. 浅谈语篇教学在英语教学中的运用[J]. 中国成人教育，2007（18）：168-169.

[2] 崔冬梅. 汉英语言文化差异及其对英语教学的启示[J]. 教学与管理，2009（9）：93-94.

[3] 崔晓晋. 英语报刊对英语语言文化的传播作用[J]. 新闻战线，2016（18）：37-38.

[4] 窦晶. 跨文化交际中英语语言沟通的有效性分析[J]. 湖北函授大学学报，2018，31（20）：184-185.

[5] 付鸿军. 跨文化言语交际语用探讨[J]. 新疆大学学报（社会科学版），2000，28（2）：100-104.

[6] 高合顺. 中英文化差异及其在英语教学中的渗透[J]. 教学与管理，2008（7）：88-89.

[7] 郭洪. 浅论英汉语言的文化差异[J]. 兰州学刊，2004（5）：286-287.

[8] 郭秋香. 英语写作教学中的跨文化交际能力培养[J]. 继续教育研究，2008（4）：104-106.

[9] 何晓勤. 英语语篇修辞教学摭谈[J]. 江西教育科研，2005（10）：52.

[10] 李道俐. 写作在英语学习中的作用[J]. 重庆大学学报（社会科学版），2002，8（2）：106-107.

[11] 李鸿. 简论跨文化管理[J]. 新闻爱好者（下半月），2008（1）：58.

[12] 李建波. 论文化差异与大学英语翻译教学[J]. 沈阳农业大学学报（社会科学版），2011，13（5）：604-607.

[13] 李薇. 英语语言文化传播路径探析——评《英语语言与文化》[J]. 新闻爱好者，2018（9）：21-22.

[14] 李艳翠，朱坤华，周国栋. 英语语篇结构分析研究综述[J]. 计算机应用研究，2012，29（6）：2018-2023，2027.

[15] 梁晓琴. 英语教学中的文化差异[J]. 教学与管理（理论版），2004（12）：73-74.

[16] 刘丰. 英语跨语言写作中的话题化[J]. 中国矿业大学学报（社会科学版），2003，5（1）：149-153.

[17] 刘丽艳. 跨文化交际中话语标记的习得与误用[J]. 汉语学习，2006（4）：50-57.

[18] 马勇，康丽英，李勃然. 英语教学中跨文化教育的内容与方式[J]. 教学与管理（理论版），2007（2）：85-86.

[19] 苗馨，赵联武. 文化差异对英语语言教学的影响分析[J]. 山东农业工程学院学报，2018，35（10）：130-131.

[20] 倪筱. 中国茶文化在英语语言学翻译中的体现[J]. 福建茶叶，2018，40（11）：243-246.

[21] 施海涛. 中西方"左""右"语言文化对比分析[J]. 思想战线，2008（S3）：135-137.

[22] 苏安. 文化差异与英语教学[J]. 教学与管理（理论版），2006（9）：99-100.

[23] 隋晓雪. 英语语言文学对学生语言能力的提升作用分析[J]. 吉林广播电视大学学报，2018（9）：34-35，38.

[24] 王国华. 英语教学与文化差异[J]. 山东社会科学，2007（8）：153-154.

[25] 王艳梅. 中外文化差异与外语教学中的文化导入[J]. 交通高教研究，2003（2）：60-62.

[26] 王玉凤. 文化生态视角下中外文学互译差异比较[J]. 语文建设，2013（21）：47-48.

[27] 温忠义. "英语语言表达能力"概念界定及评价指标研究[J]. 重庆大学学报（社会科学版），2015，21（2）：155-161.

[28] 邢彬，陈静. 文化差异与英语教学[J]. 教学与管理（理论版），2007（12）：86-87.

[29] 徐晓丹. 英汉语言与文化对比分析[J]. 学术交流，2003（7）：136-138.

[30] 杨家勤，毛浩然，徐赳赳. 演讲叙事语篇的修辞功能与结构模式研究[J]. 中国外语，2013（6）：32-39.

[31] 杨伟红. 跨文化交际能力的培养探析[J]. 时代文学，2012（7）：207-208.

[32] 杨真洪. 论"英汉语言文化比较与翻译"的科目理据[J]. 外语教学，2004，25（4）：33-36.

[33] 尹华东. 中外文化差异探讨：谈当前跨文化交际中应注意的几个问题[J]. 前沿，2012（9）：160-162.

[34] 余良田. 文化差异对英语学习的影响[J]. 教学与管理（理论版），2008（6）：101-102.

[35] 翟宁明. 英语语言翻译中的文化差异探析[J]. 中南民族大学学报（人文社会科学版），2004（S1）：216-217.

[36] 赵慈爱. 语篇分析在英语阅读教学中的运用[J]. 中小学英语教学与研究，2009（5）：37-40.

[37] 胡世芳. 中外文化差异与跨文化交际语言的运用[J]. 前沿，2005（11）：256-257.

[38] 周巧红. 英语修辞手法的语篇衔接途径[J]. 外语与外语教学，2005（4）：21-23，31.

[39] 周尤亮，王红霞. 大学英语写作中常见语言错误分析[J]. 海军工程大学学报，2002，14（4）：110-112.

[40] 朱志敏. 文化差异在英语教学中的体现[J]. 教学与管理（理论版），2010（12）：97-98.